U0061837

在黑夜點燈

香港這一年
不能忘卻的他和她

江迅 著

香港太平書局

在黑夜點燈——香港這一年：不能忘卻的他和她

作　　者：江　迅
責任編輯：梁　沛
出　　版：香港太平書局
香港筲箕灣耀興道 3 號東滙廣場 8 樓
http://www.commercialpress.com.hk
發　　行：香港聯合書刊物流有限公司
香港新界荃灣德士古道 220-248 號荃灣工業中心 16 樓
印　　刷：美雅印刷製本有限公司
九龍觀塘榮業街 6 號海濱工業大廈 4 樓 A 室
版　　次：2020 年 12 月第 1 版第 1 次印刷

ISBN 978 962 329 350 1
Printed in Hong Kong

目錄

李凱瑚：
從「一人茶餐廳」到「14億人茶餐廳」

由於撐警，噩夢來臨；
因為撐警，「銀龍」成了打卡地

在香港黑色暴力喧囂的日子，這家香港茶餐廳上了北京中央電視台《新聞聯播》，成了網紅打卡地。

這家餐廳名：銀龍咖啡茶座。

香港鯉魚門，維多利亞港的東入口。濃濃的香港漁村風情，香港的一個地標，以迷人朝陽與落日餘暉著名。上世紀上半葉的鯉魚門，卻以採礦與陶瓷為主。

走過鯉魚門牌坊，避風塘的漁船表明這裏是海鮮美食聖地。在海鮮街入口，穿行在彎彎曲曲的小徑，走過各式各樣賣着當天魚蝦的海鮮檔口。2019 年，入夏後的半年，香港的政治風波令這裏一片冷寂，唯獨一家經營半世紀的茶餐廳顧客盈門。這家小店位處大排檔攤位深處的一條小巷：海傍道中 31 號 B。

這家「銀龍」，得名「一人茶餐廳」，因老闆、夥計、廚師、入貨員、會計等，都只由一人承當。「銀龍」的奶茶味飄香在巷子裏。

餐廳主人：李凱瑚。

一進餐廳門，李凱瑚笑吟吟打招呼。她個子不高，顯得秀氣。身穿「我愛香港警察」的 T 恤，這已是她「一身正氣」的形象標誌。

這是一個陽光散淡的下午，幾天前相約見她。兩點多，餐廳裏客人不多，三四人散落在各角落。這家因撐警而成為網紅的餐廳不大，最多能坐四、五十人，牆上貼滿撐警字句。「阿 Sir 我撐你！」、「香港警察，加油！」……店舖中貼滿老闆娘多次參加撐警活動的照片和宣傳品。

撐警標語和老闆娘李凱瑚，已是餐廳「新招牌」。

如今光顧的客人操各種方言，來自全國各地。這家咖啡茶座有 51 年歷史，獲獎的奶茶、西多士等懷舊美食，是食肆最大賣點。

在餐廳，偶遇 75 歲的虞老先生，他坐了兩個多小時巴士，從香港最西端天水圍趕來，他想和同伴來給李凱瑚店裏做義工。他說，「看見老闆娘被霸淩，我們真的看不過眼，一定要過來店裏幫襯她，心裏才能好受點。」帶着兩個孩子從港島趕來的施先生說，「之前好多人來鯉魚門吃海鮮，現在大家都不敢來了。看到老闆娘勇敢挺身而出，我們身為香港人，一定得來聲援她」。

李凱瑚，「Kate 姐」，在香港土生土長。我略略觀賞了兩堵大墻上的撐警照片、宣傳單張，在餐廳中間的餐桌前坐下。剛落座，她便端來熱騰騰奶茶。她看到我仍在凝視墻上撐警的大字小字，她似乎明白我想聽甚麼。

甫坐下，她便緩緩說：「我一直都不太理解，2019 年 6 月以來，反修例示威，黑衣暴力，打砸騷亂，為甚麼香港會發展到如斯地步。我很想跟年輕人溝通，我知道並非三言兩語就可以交流。我總覺得，是不是年輕人可以停一停、想一想；走遠些、看闊些；想想香港到底發生了甚麼事？」

她淡淡地說：「我不懂政治，除了特首林鄭月娥的名字，多一個官的名字都講不出來。但我想，生活在香港，要安穩，要和諧，大家一起發揮獅子山下同舟共濟、守望相助精神。但我真是想不到，原來這麼簡單的要求，現在也變得很難很難。撐警，我百分之二百不後悔。」

李凱瑚與銀龍咖啡茶座

銀龍咖啡茶座內墻上貼滿撐警字句

2019 年 6 月，香港社會風起雲湧。李凱瑚在 Facebook 看到，有餐廳說不歡迎香港警察用餐。當時，她一時不怎麼理解。香港警察除暴安良，守護香港，為甚麼不歡迎他們？作為業者，她心裏感到很不舒服，於是在自己 Facebook 說：「歡迎警察，全民撐警！」她在餐廳門口拍了照，更寫上心意卡：「阿 Sir 我撐你！Madam 我撐你！」她把照片放在 Facebook 上。

那些日子，她從網上看到有團體組織撐警活動，她都會主動去參加。

6 月 30 日，穿過烏雲的陽光最絢麗。陣雨後的金鐘添馬公園，香港立法會議員何君堯和香港政研會發起，「撐警隊、護法治、保安寧」民間聲援集會。李凱瑚參加了集會，對暴力說「不」。

8 月 3 日，驕陽烈日。維多利亞公園，香港政研會發起「希望明天」反暴力撐警音樂集會。她走上台，向市民勇敢發聲，說出自己的故事，呼籲支持警察依法維護社會秩序。

8 月 17 日，烏雲密佈，時有陣雨。金鐘添馬公園，守護香港大聯盟聯同香港社會各界市民發起「反暴力、救香港」大型集會。李凱瑚參加了集會。

……

當時很多朋友和街坊提醒她不要這麼高調，勸誡她不要強出頭，否則會影響餐廳生意。她心想：不至於吧，自己只是表達一下「撐警」心意啊。

不多久，噩夢果然來臨，屢接「午夜凶鈴」。

有人不停給店裏打電話，有人在網上留言，騷擾、謾罵、威嚇、講粗口，要她「小心點」，直斥她是「撐警慰安婦」，令她承受巨大精神壓力。在多個網絡平台的餐廳食評上，惡意投訴蜂擁而來，有人留下負面差評詆毀，她的餐廳臉書專頁被下架。有人跑到鯉魚門餐廳前示威叫囂。有人向政府食物環境衛生署、地政署、消防處、勞工處報假案惡意投訴，幾乎每日都有政府部門人員上來，聲稱「銀龍」餐廳清潔欠佳、聘請黑工，政府部門收到投訴便循例上門了解情況，令她煩不勝煩，食客見狀都不敢走進餐廳。

食環署派人來查，說有衛生黑點，這家店都三次獲清潔大獎，李凱瑚爸媽最初經營餐廳，是特別愛乾淨的人。李凱瑚每天花那麼多時間給餐廳清潔，卻被舉報不衛生。她頗感無奈。

一次衛生部門又來人查，其實衛生部門的人與李凱瑚都相熟。但是他對她說，「李小姐，我們職責所在，不方便多講，我知道你很辛苦，很艱難」。

李凱瑚頻頻點頭，表示會配合調查。

他還是對她說了，「我內心是支持你的」。

剛送走食環署人，勞工處派人來查，有人惡意投訴她使用黑工，經查，純屬污衊。剛送走勞工處人員，又來了消防局，說餐廳的消防隱患。李凱瑚心裏明白是怎麼回事了，但仍以平常心接待來查訪者。

除了社會福利署的，其他部門都來找過她。有個部門有位上了年紀的男子對她說，「我是某某某部門的，相信你都沒有聽說過，不過李小姐我相信你都知道我來是因為甚麼事情」。

李凱瑚說，「我知道，就因為我是藍店」。翌日，他們又來了，她顯得有點費解，餐廳經營 51 年了，還不了解嗎，她明白他們也是例行公事，終究還是因為自己公開撐警。

但最令她感到痛心的是，一家三代人一直盡心經營，令店舖有口皆碑，但近幾個月竟遭到上百個惡意投訴，網絡飲食平台上亦出現許多不實評論。不光店舖營運遭到干擾，連李凱瑚本人也不斷接到騷擾、威脅電話和人身攻擊，「不會放過你」、「你就是現代慰安婦」等惡言句句紮在她的心。除了那些黑衣狂魔外，一些原本常來餐廳的熟客就因為「政見不和」而不再來幫襯，當時銀龍的生意跌到只剩一成。

持續幾個月的「黑色恐怖」，香港很多小店只因為撐警執法就被人無端騷擾、恐嚇、破壞，很多食客因反暴而遭到驅趕、攻擊，有 3 家小店只是看到在街頭與暴徒周旋的警察疲憊不堪，只是為警察提供了一杯白水，就接連多日備受恐嚇，成為黑衣魔的攻擊對象。李凱瑚始終百思不得其解，這些小店做錯了甚麼？

戰勝恐懼的唯一辦法，就是朝它迎面走去。

好在平日來的很多食客都是與李凱瑚從小玩到大的，有一起在一個學校讀小學的，有的父親與李凱瑚父親都是老友，街坊關係都很和睦，大家觀點立場也相同，李凱瑚一個人站出來撐警，他們不會公開表態，但都默默支持她。

在「冰霜期」苦挨三個星期後，李凱瑚因為撐警而失去生意的消息漸漸傳開，迎來了從五湖四海遠道而來的撐警客人，更開始有許多香港市民大膽地跟李凱瑚坦言，自己已經「噤聲」幾個月，看到老闆都可以這麼勇敢，覺得自己也要勇敢站出來支持正義。

詆毀和謾罵透過網絡、穿過電話線，鋪天蓋地而來，經營了 51 年的茶餐廳驟然間生意額下降。有一段日子，她守着餐廳，度日如年。朋友家人的不理解和責怪更是一次次地戳傷李凱瑚的心。

李凱瑚受到威脅，「銀龍」受到威脅。警方要她在店門的左右安裝閉路電視，一旦受到暴徒威脅和襲擊，如果沒有閉路電視拍錄，警方就沒辦法抓捕人。她花了兩萬多港元安裝了閉路電視。店裏那麼多家具設備都是爸爸生前留下的。她心想，暴徒如果真得上門，把它們砸毀了，當然心疼，但最重要的是人平安，他們闖進來，家人就撤離。父親會理解的。

她說：「重要的是正義和公道。如果所有人都不站出來發聲，將來我一旦被暴徒打了，誰會幫我？好多人問我，你不怕被別人打？我當然怕。正是因為我怕被人打，我才要站出來說話。如果我有一日被人打，就是因為我害怕而不出聲，那才叫慘。我不相信他們真會來打我，當然我出門還是會小心，因為常常有人會跟蹤我。他們以為我不知道，其實我知道，我每天會走不同的路，與他們鬥智，與他們周旋。」

她說：「我 51 歲，一直以來，我都很想瘦下來啊，女人嘛，但一磅也沒減，我真的是喝水都會胖。正因為這次事件，我瘦了 20 多磅，是因為我真的擔心。如果說這是我最大收穫，我也不知道開不開心。我儘量不想讓自己受影響，我從 123 磅瘦到 102 磅，我告訴自己，不可以瘦過 100 磅，因為再這麼瘦下去，我就沒有能力去經營餐廳了。」

她說：「當時還不是最坎坷的時候，我也都還沒有意識到，一張卡片，貼出來之後，才知道原來它的力量這麼大，上門的人很多，我覺得不可思議，香港這麼多人怎麼會注意到我呢？有人對我說，『你想不想沒有這麼多的煩惱？方法就是你收聲』」。

她問自己，「我可不可以收聲？不可以！」

她又問自己，「你不覺得煩嗎？煩啊！這麼多人來調查，浪費我多少時間，每天都來茶餐廳，我都沒有生意做了。」

她說，「有人對我說，雖然支持我，但怕被人知道怕被人指責。也有不支持我的，對我說，我幫了你這麼多年，我不知道你是這樣一個人。以後我不會來你這店裏吃喝了，你連豬狗都不如」。

那時她也明白，你想不煩惱，非常簡單，只要收聲就可以不煩惱。但她又問自己，你真想這樣做人嗎？這樣不就是白活一場了嗎？爸爸早就這樣教育過，如果做人沒有良心，那真的是白活一場。這樣自問自答，心裏也好受了些。她對自己說：「那就很簡單了，不要再顧慮太多，沿着自己選擇的路一直往前走。」

有朋友問她，「你怎麼敢這麼高調」？李凱瑚的反應是，為甚麼不可以啊？

她說，「我當時還真想得很簡單。到了下午，有人告訴我，銀龍咖啡茶座的臉書上不去了。我還以為是網絡不好，結果三小時之後，還是上不去。我就打電話問我兒子，『為甚麼我的臉書上不去了呢』？兒子說，『你知不知道是因為你把那張卡片貼出來』。我覺得很奇怪，為甚麼不可以？這是我的想法，這裏是我的店舖，為甚麼我不能貼？我用四年的時間經營銀龍咖啡茶座的臉書，結果就這樣被他們關閉了，我真的很生氣。我兒子是年輕人，他都跟我說你放棄吧。但我很快就回過神來。臉書四年的努力被你們毀了，不意味着經營了 51 年的餐廳我會聽你們的，我不可能拱手相讓」。

李凱瑚說的那張卡片就是她貼在牆上的，「阿 sir，我撐你！」的藍色宣傳單張。她說，「這個卡片是 6 月 30 日，我參加撐警察集會拿回來的。當天很大的雨，我拿了這三張卡片，我特別喜歡，自己被雨淋濕了，但保護這三張卡片沒有濕。7 月 1 日我就把它貼在餐廳牆上。」

我問：「你說，你特別喜歡？」

「是啊，看到它，我就是覺得舒服。」

我問：「你說，舒服？」

「是啊，因為這就是我想說的話。很多人走進餐廳，一看到就說，哇，把這個貼在這裏不太好吧。我都不明白為甚麼，原來好多人內心想說的，卻不願意公開表達，會覺得這樣做不合適。為甚麼現在的人，連一句心裏話都不能說、不敢說？我當時真的想得很簡單，我想說的，就公開表示；我想做的，就趕快去做。很多朋友提醒我，我沒有讓步，依然堅持。」

她說：「因為這次事件，店舖沒有生意，還遭人惡意投訴。為甚麼我會選擇站出來？有人說我勇敢，說我英勇，其實根本不是。當初我根本不知道事情會這麼複雜，原來有不少人是認為我這麼做是不可以的。我的想法很簡單，這是我的心事，是我的想法，我就大聲講出來。我真的沒有想那麼多，我不懂甚麼政治，也不是甚麼愛國愛港。我只是講公道，所以我站出來。這些人竟然說不歡迎警察，我小時候爸爸就教我，警察是守護我們的好人。這些示威者不讚同別人的想法，就跑到我店舖門口，瘋瘋癲癲的大聲喊口號，然後不停拍照片。」

她說：「我做錯了甚麼？我沒有錯，我沒有講過半句他們是暴徒。我不支持你，你就鬧我，這讓我覺得不合理。我不是一個多事的人，人家的事我管不着，我就管我自己的小店。我只是說出我的心聲是撐警察，全力支持香港警察，因為他們真的太辛苦了。是良心讓我說的，我覺得他們之所以這麼辛苦，是為了保護我們香港人，那我們可不可以為警察做一些小事情？就是我支持警察，我只做了這件事，但連這件事都不行，他們就是覺得不可以。我爸爸在我們很小的時候就教我們，做甚麼事情都行，只要你覺得是正確的，做事前一定要清楚，這樣是不是對的？」

她說：「這之前，我一直以為遇上颱風是鯉魚門餐廳最大的困境，就怕颱風來，天災最可怕。但所謂天災人禍，我現在承認，人禍比天災更厲害。在沒有這件事情之前，我講過，現在我改了，但人禍才是最可怕的。」

我繼續問：「聽你朋友說，有一段日子，你都作了最壞打算，即使餐廳被迫關門，你仍然要大聲說，你支持香港警察。」

「是的，我知道我的力量很小，但我們一個都不能少。覺得自己能發揮小小的影響力，於是就出席更多的撐警活動。如果我今天不去參加，肯定會遺憾的。總有一天，我不再年輕，人生的風霜會將我的黑髮染白，但我不在乎，因為我記憶深處已留下那一幕幕珍貴的黑髮往事。」

一個餐廳老闆娘，初次相識，尚不知她讀過多少書，有多少文化。她自稱，讀書不多，識字很少，不會英文，只是草根。不過，她的言語卻充溢詩情。

李凱珊頓了頓，繼續說：「警察為了維護香港治安，每天那麼辛苦。我不明白，我支持警察到底有甚麼錯？」

李凱瑚眼睛微微發紅，淚水在眼眶中打轉，話語中是止不住的委屈。真心離傷心最近。

李凱瑚的堅持，讓她失去平靜的生活。除了暴民的騷擾，還有來自親友的不理解。另一種溫暖卻悄然而至。她的遭遇在香港和內地媒體報道了，街坊口口相傳，她的遭遇不脛而走。冷清的茶餐廳漸漸熱鬧了。她的勇敢不僅令經營雨過天晴，慢慢獲得許多「粉絲」的幫襯，更鼓舞了很多人大膽地與暴力割席。來自香港不同地區、不同年齡層的市民自發找來，用言語和行動表達對她的支持。鯉魚門一帶的街坊們，主動來幫忙作義工，有的充當服務員，有的擔任大廚，街坊們說，就是想讓她知道，她不是一個人。香港警察非值勤時帶着家人去餐廳，喝杯奶茶吃份點心，光頭警長劉 Sir，都多次光顧。很多市民紛紛去餐廳吃飯，共享這段艱難時光。他們說：「你講了我們一直不敢講的話。」

「銀龍」成了打卡地。內地遊客特意前來支持她。有來自廣東的說：「香港那麼亂，我們不敢來，但為了支持你，我們特意趕來，看看你，吃個飯，我們就返回家，不會去港島、九龍消費。」李凱瑚想不到有這麼多來自五湖四海的客人來支持她，包括黑龍江、北京、四川、重慶、湖南、河北等。他們都是從網絡上看到有關李凱瑚的報導，好多遊客與李凱瑚合影，拿着火車票、飛機票叫她簽名寫留言。有的人一見到她就給她擁抱。他們說，「我終於見到你本人了」，「我好喜歡你，老闆娘，你很勇敢」。

有一天，竟然有八十多人在門外等位，排隊兩小時。有位坐下了，還要等一個小時才能吃上。很多食客都會主動幫忙清掃整理。店裏只有一個爐頭，人流過多，廚房無法配套，爐頭打不着火，多士爐過熱也燒了，微波爐持續使用也壞了。

餐廳客人太多，有三個女孩進不來。排長隊，輪到了，她們卻要趕時間沒法吃點甚麼了。她們擠進去，見到李凱瑚，一個一個跟她緊緊擁抱。

三個年輕人都淚流滿面。

一個說：「我只想對妳說一聲支持你，撐警察，撐香港。」

一個說：「你讓我們感激、感動。你的堅持，我們永遠支持。」

一個說：「我們一定再來看你，喝你的奶茶。」

李凱瑚聽着，流淚了。大家互不相識，只為支持一件事，撐警察，撐香港。那種力量超乎想像。她原本覺得日子很難過，每天看新聞心都好痛，後來見這麼多人走來支持她，才發現自己並不孤單。

一位 75 歲的長者，25 歲時離開香港，有 50 年了。他在國外看到關於李凱瑚的報導，便對家人説，一定要回一次香港，支持李凱瑚。到了「銀龍」見到她，擁抱她，説她是香港的驕傲。就是這些香港前輩們，早年離開了香港，特地買機票趕回來，為了支持香港警察，為了支持李凱瑚。有的從多倫多、溫哥華回來，有的從蘇格蘭回來。

這是一種境界。境界是一種心態上的崇高。這些香港前輩都有一種境界，令李凱瑚感動：香港被暴徒和示威者毀掉的，都是這些前輩們辛苦付出換來的，為甚麼這些前輩會回來？因為他們真的深愛香港。

這些香港前輩有一種境界。李凱瑚有一種境界。有境界的還有像李凱瑚那樣的諸多「藍店」老闆。

大埔馳名小食店「友口馥」老闆娘王莉莉，也是「靈魂在高處」的香港人。她是個樸實而命途多舛的單親媽媽，早年丈夫心臟病發在夢中猝逝，她與兩個兒子一度領取綜援渡難關，為了自力更生，「死慳死抵」儲錢開設小店。每日天未亮已回店，用古法石磨磨米漿，製作各式各樣的腸粉和傳統小食，靠十元八元的小本生意，養活兩個就讀小學的兒子。該店屹立大埔幾年，以香滑腸粉打響名堂，連「發哥」周潤發、影星姜皓文、黃德斌等也遠道來惠顧。

她撐警。她說：「警察工作好辛苦，我尊敬他們為香港治安付出的努力。香港之所以可愛，在於她原本是包容的城市，容許市民自由表達見解，但暴徒口說追求言論自由，但講一套做一套，破壞香港的和諧及秩序，希望各界認清暴徒的假面目，放下政治成見重建香港。」

2019 年 6 月 30 日，她關了店門，帶着兩個兒子參加「撐警集會」。她說：「我讓兒子選，如果不去撐警，他們可選擇去冒險樂園玩，我自己去撐警，他們卻毫不猶豫選擇跟着媽媽去撐警。」那天時晴時雨，雨勢一度特別大，仍無阻三母子要向暴力說不的決心。王莉莉說：「我想讓孩子自小有民族意識，知道自己是中國人，這是鐵一般的事實。」

集會結束後，王莉莉把相關照片上載臉書 Facebook，殊料縱暴派支持者為排除異己，將其小店納入杯葛名單，惡意抹黑她的小店。那以後，小店生意應聲下挫一半，王莉莉也遭縱暴派支持者電話滋擾「午夜凶鈴」，縱暴派網絡大軍還在社交平台對她大肆攻擊，指罵她「不守婦道」。

她接連遭「午夜凶鈴」人身攻擊，黃絲黑暴輪番向各政府部門「報假案」，惡意投訴，謊報衛生消防問題，盡是子虛烏有指控。一個月內，幾乎每天都有政府部門人員來小店巡察，有食環署、衛生署、地政署、消防處、勞工處，令她疲於奔命辯解。最匪夷所思的是，漁護署收到舉報指她在店內養狗，她喊冤，根本就是栽贓。縱然受打壓、欺淩，她仍無悔撐警，她說，「只因我愛香港，希望警方努力讓香港回復和平。香港原本是一個多元化城市不同觀點的人都能靠自己一雙手打拚屬於自己的天空」。

激進示威者本着「順我者生，逆我者亡」的極端思想，惡意打壓及狙擊持不同政見的商戶，將它們納入杯葛名單，煽動他人罷買而惡搞。為滅聲，無所不用其極，魔爪伸延至曾參與撐警集會的食店。位於深水埗荔枝角道204號的藍店「四川辣妹子」川菜館，店東曾在網上發表撐警言論，2020年1月6日淩晨2時，兩名身穿黑衣、戴口罩及黑色帽的暴徒，在該餐廳投擲汽油彈及小型石油氣罐襲擊，之後逃逸。

類似李凱瑚、王莉莉遭遇的，有位於深水埗西九龍中心「空姐牛肉飯」的老闆郭德英，有位於西環的口水雞專門店老闆張太，有在太子花園街開設水餃店的王老闆……據警方統計資料顯示，由2019年10月至2020年1月初，接獲1,119宗刑毀報案，近200宗案件同時涉及縱火，被破壞的地點多達955處，當中超過1/3地方被重複破壞，店舖遭暴徒趁火打劫也時有發生。

這種威嚇手段，是黑社會常用的滅聲手法，他們向商戶施壓、脅迫他們就範。任憑千般打壓，藍店無懼撐警。這既是一種境界。

李凱瑚說，假如人與人之間的關係都充滿理解，人們還會發愁找不到那個美好的世界嗎？土生土長的李凱瑚仍然懷念當初和平包容的香港，她願意先行一步：「無論政見，歡迎所有人到店欣賞美食。」「只要是來欣賞美食，不論任何政治光譜，我都絕對歡迎，而且絕對可以在小店裏享有言論自由。」她相信，和平包容的香港很快就會回來。

兑現對去世弟弟的承諾，獨掌「銀龍」，榮獲「至尊奶茶王」

俗話說，冬至添歲大過年。2014 年 12 月 22 日，冬至。

這一天，李凱瑚從廣西南寧回到香港。她在廣西經商，有四年了，代理羅漢果銷售。她很少回香港。羅漢果，被譽為「神仙果」，中國九成羅漢果產於廣西桂林市的永福縣和龍勝縣。一個機遇下，有朋友對她說，可以去廣西看看，南寧那裏發展不錯，機會多。她聽了朋友建議，便去廣西體驗了，去尋找讓夢安眠的地方。

果真，南寧、桂林的發展吸引了她，她喜歡那裏的生活，就想留下看看還會發生甚麼變化，對自己有甚麼發展機遇。她看好那裏的風水，適合羅漢果生長，香港人長年都需要羅漢果。她在廣西走南闖北，最終拿下羅漢果的香港總代理權。她自認做生意不難，只要有好的貨源，有好的人脈，就能成就你的生意。她用心瞭解羅漢果之後，回到香港尋覓市場，大展拳腳，一年後，香港幾乎所有賣羅漢果的都認識她了。她擁有腳下這片土地，一樣可以收穫屬於自己的山花。

冬至，是日，弟弟預訂了一家酒樓晚餐，家人一起過節。她從家裏開車去銀龍餐廳接弟弟和媽媽，再一起去酒樓。

「姐，你快點呀，我預訂的是五點鐘。」弟弟電話裏說。

「很快的，快到了。」李凱瑚說。

到了銀龍餐廳，弟弟說：「姐，我，我有點不舒服。」。他說話吐字不清，說頭暈頭痛，手腳麻木。

「你哪兒不舒服？」

「姐，我頭暈，胸口悶。」

李凱瑚弟弟 40 歲，身形肥胖。不知怎麼，她意識到弟弟會不會是腦中風，於是急切：「你別動。」

李凱瑚匆匆電召救護車。

救護車剛到，她和弟弟上了救護車。醫護人員對她弟弟做了簡單檢查，然後跟李凱瑚說，「不像是腦中風，問題不大」。不過，過了一會兒，醫護又說，「情況有點糟糕，你叫他的家人去醫院吧」。李凱瑚心裏一驚，六神無主，匆匆忙忙給弟媳婦打電話。弟弟 40 歲，家裏有兩個孩子，一個 3 歲，一個 7 歲。

「姐，我——害——怕。」弟弟說話都有點困難。

「別害怕，有姐在。放鬆一點，有甚麼我都可以承擔，你知道我是一個有信譽的人」。李凱瑚握着弟弟的手，感覺到弟弟說不了話了，她就不停地說話，向他作承諾。此時，她沒有想到死亡已經臨近。

弟弟最後說的話，「我頭痛」。就這樣，姐弟在救護車上分手永別了。

李凱瑚有個姐姐、兩個弟弟。病逝的弟弟生前經營的正是父親留下的銀龍咖啡茶座。弟弟離世後，茶餐廳停業了九個月。這間店初創於 1968 年，是李凱瑚父母年輕時買下這塊地，開了這家茶餐廳，李凱瑚正是這一年出生的。弟弟去世後，餐廳一直沒有再營業。

自從弟弟走了後，李凱瑚媽媽每天都在家裏盯着閉路電視看，問弟弟會從那裏回家，為甚麼現在不回來了？店舖誰在管呢？「為甚麼呢？為甚麼呢？」她每天就在那裏喃喃自語。媽媽的腦退化症很嚴重，外出就不知道怎麼回家。李凱瑚就跟在她後面。

一天，媽媽嚷着要去喝茶，過對面馬路，卻來來回回走。第五次來回了，她就趨前攙扶媽媽，輕聲說，「媽，你家在這邊，我們回家吧」。望着媽媽，李凱瑚內心很難受。

她找到一位醫生朋友，把媽媽的情況跟醫生講述了。醫生說：「如果你想你母親快一點好起來，我建議你盡快把店鋪重新開張，這樣你媽媽可能就會沒事了」。

父親去世後，餐廳就由李凱瑚弟弟和母親經營，李凱瑚內心折騰。自己從來沒有打理過餐廳，以前從事的都是美容，修美甲、清睫毛、做化妝之類的，自己能不能重新把這家店鋪開起來？她心裏也沒有底。弟弟走了，她心情原本都沒轉過來，媽媽內心更痛苦。李凱瑚沒有再去廣西，先留下陪伴照顧媽媽，這家店也就一直關了。

就算沖奶茶、煎蛋時手指也塗着指甲油。她是土生土長的鯉魚門人，兄弟姊妹四人靠爸爸獨撐這間茶餐廳養大。李凱瑚說，小時候見到父母辛苦，沒錢請人，所以四兄弟姐妹很小時候就要到餐廳幫手洗杯，料理店務。就這樣前鋪後居，她在茶餐廳長大，從未想過以後還是要做茶餐廳，因為廚房又亂又熱。小時候的理想是嫁個好老公，相夫教子扮靚靚。

她內心糾結：我有車有樓，不需要回來香港。父母開店很辛苦，我不喜歡經營餐廳的工作，小時候就很少出門，兄弟姐妹四人都是店裏的夥計，幫爸爸媽媽幹活。我早早就想快點嫁人，嫁了人我就不需要回店裏了，我真的很討厭餐廳這個生意。

她神情憂鬱。她的感受，體味和咀嚼鄉愁、青春、愛情、歲月，李凱瑚 24 歲就結婚了，但她很快又離了婚。她讀不好書。她姐姐弟弟都比她讀得好，都讀到大學，她只讀到中學二年班。爸爸對她說，「你讀不好書，你可以選擇不讀書，可以在店裏幫忙。」但她討厭在店裏工作，怕辛苦，沒興趣」。小弟去世後，她天天陪着媽媽。她心裏想，如果不陪着媽媽，自己出去掙錢，就可以請傭人來服侍她。媽媽說，「爸爸走了，小弟也走了。這就是我的人生，那你能不能別離開呢，在我身邊幫我支撐這個家，支撐這個餐廳」。

媽媽見她沒反應，接着說：「我求求你了。」

李凱瑚說：「我不會走的，媽媽，你不用擔心，我會留在你身邊的。」

媽媽聽了，眼睛一亮。

李凱瑚說：「媽媽，你不用求我，我不是一個不負責任的人」。

翌日，李凱瑚就回到海旁道店舖。她答應了媽媽，內心卻依然糾結。

鯉魚門海旁道。這是一個寧靜的黃昏。夕陽灑落在古樸的小街，飄滿了每一個角落。幾張陌生的臉孔，從店舖門前匆匆而過，又消逝在開始朦朧的遠方。李凱瑚走出店舖。

海峽，燈塔，南大門，對岸的筲箕灣。李凱瑚在海堤邊散步。夕陽下，亮色的海水背影，一幅女人黑色剪影。女人的輪廓很消瘦，纖柔的髮絲，纖秀的頸脖。她卻情緒煩躁。

她邊走邊斷斷續續唱着一首不成調的老歌。忽然，遠遠傳來一片鳥鳴，是喧而不鬧、多而不雜、亂而不混的鳥鳴聲。她往前走，鳥鳴越來越近，卻始終看不見鳥在哪裏，它們顯然就在她身旁，可怎麼也找不到鳥的影子。

突然間一陣寂靜。

在樹下站了一會兒，她慢慢移步離去，剛走幾步，「呼啦」、「呼啦」的鳥翅拍打聲此起彼落。一羣鳥兒從她剛走過的樹枝上躍起，在密密的枝條間，在漸濃的暮色裏，她看見一隻隻灰色的翅膀穿梭着，閃現着，一聲聲清亮的鳥啼銜接着，歡唱着……

多美呀。她想，自己在外漂泊了那麼久，總以為已經習慣了沒有花香鳥鳴的日子，總以為自己已經疏離了那段清麗芳華的青春，總以為已沒有在鳥鳴中清洗自己的必要，然而今天，這羣不知名的暮鳥卻劃破了她故土舊地的房簷，舒展出如此動聽的詩句。

她納悶：當她停留在鳥兒身旁時，它們卻不去親近她。當她離去時，它們又如此急切地尋喚她。當她站在樹下期待鳥兒的時候，它們又如何注視她蒼茫而疲憊的眼睛？也許，這正如一段深陷其中的戀情，遠去之後才看見自己墜落的深度。正如一件平凡的瑣事，逝去之後才明白它註定的歷史意蘊。

她搖搖頭，明白不要再想下去了。很多事物就這樣以它們的理由存在着，讓人們的情緒在它們的邊緣來回滾動，結晶成為心靈的軌跡和生命的歷程。家鄉的鳥兒都不希望她離開。黃昏的鳥鳴，在李凱瑚眼中映射如血。

黃昏的鳥鳴，原來和清晨的鳥鳴是一樣的美麗。那以後，她不再想其他的了，滿腦子是自己究竟能不能打理好這家店。

為了兑現對弟弟的承諾，當時已離婚的李凱瑚決定不走了，承擔爸爸與弟弟的事業。她開始每天去店裏。銀龍停業九個月，店裏很多東西都爛了。鐵門破了，爐具壞了。銀龍重新開張，那是 2015 年 6 月 26 日。她從店裏只有三張卡座開始做起，經濟壓力好大，三張卡座就幾個位，每日就是那幾個客人，每天賣幾杯奶茶。不過，她看到有街坊朋友來光顧，就覺得開心。很多食客不知道銀龍餐廳究竟發生了甚麼事情，小店能重新開張就好。客人開心，她就覺得那就繼續做下去吧。

最初，她只需買一包糖回來就可以做生意了，一包糖夠用好久，因為沒甚麼生意。她對自己說，「我要把店鋪開回原來的狀態，像爸爸、弟弟那樣，買一大袋糖回來做生意」。

她花了十三萬港元重新裝修店鋪，門都關不上，能怎麼經營？朋友送給她 1,800 港元的爐子，說先拿去用，等掙到錢再還給他。電腦也壞了，還有爸爸留下的很多東西也都用不了了。

她就慢慢學，慢慢做。

剛開始她連打個雞蛋敲開雞蛋殼都操作不好。不就是打個雞蛋嗎？哪有甚麼妙訣呢？這麼簡單的動作，她沒想到還真不容易，她意識到爸爸從前說過的話：有時候越簡單的事卻越容易犯錯。

很多人打雞蛋的方法都是在碗的邊緣磕一下，然後掰開殼將雞蛋打進碗裏。但是這樣打雞蛋的話，就有一個問題，打完之後會發現蛋殼裏面會殘留不少蛋清，非常浪費，不小心還會滴在桌面上。這樣的打雞蛋的方式實際上是很差劣的。

她每天琢磨，十天半月後有了經驗：第一步，先手握雞蛋搖晃，再用大拇指捏住雞蛋的大頭，食指和中指捏住雞蛋的小頭；第二步，將雞蛋在碗邊輕輕一磕；第三步，大拇指向後用力一掰，讓雞蛋從殼中順勢滑下，蛋清全部都流到碗中，一點都沒有殘留。

李凱瑚身形瘦小，卻有香港女人的獨特氣質，能幹、善良、堅強，也貪靚，愛美食。她有個特點，認準了的事，她總是能一往無前，從不退縮。世界上總有許多堅守的靈魂，有的有心，有的無意，但他們的固執與倔強，足以使他們的心瘋長生根。

李凱瑚接手後才算瞭解經營「一人餐廳」的艱難，早晨五點起床，進貨，營業前準備，上午十點接待第一批客人，下午五點結束營業，清潔餐廳，六點到九點到同街的海鮮檔兼職，之後再回餐廳忙一陣，準備第二天的各類食物，晚上十點關門，有時會忙到淩晨兩點。

周而復始，日日如是。餐廳所在位置欠佳，客流稀少，生存不易。於是，她想，如果要守得住，首先要食物好吃，所以她堅持用高成本製作簡單的茶餐廳食物。她經多番研究，自創蛋白腐乳士多，只因為她覺得鹹與甜混和會擦出火花。創新的食物加上爸爸留下的奶茶配方。她找了幾個生意人朋友聊天，詢問做好餐廳的秘訣。每天做餐，從十幾份到幾十份，一年後，她每天要做 260 份餐。生意在逐漸拓展。

一天，80 多歲的媽媽坐在餐廳的角落，喝着茶，默默看着食客進進出出。

李凱瑚走出廚房，給母親添加了茶水。母親點了點頭，抬頭微笑着凝視女兒。李凱瑚也望了望媽媽，母女倆沒有言語。李凱瑚轉身瞬間，不知怎麼意識到：媽媽不就是一杯兒女一生也取之不盡用之不竭的沁心香茶，常飲常新，永不淡色，永不失味。

在她心裏，媽媽最大。李凱瑚是基督徒，店裏卻安放了一尊佛像，就有黃絲暴徒攻擊她，說既然是基督徒，為甚麼拜佛。其實是她媽媽信佛，媽媽要拜。難道要讓一個八十多歲的老人自己爬上爬下去上供。如果天父都不理解我原諒我，他怎麼能稱為是天父呢？我信甚麼，自己心裏明白就行。我和天父說，「你知道我在做甚麼就行」。我媽媽要的，我自然就為她做了。

李凱瑚把自己這幾年經商賺到的錢，都投到餐廳再重新運作上了。她曾對媽媽說，「我未必可以經營好這家餐廳，但你不用怕，因為有我，我會陪着你」。李凱瑚自信是懂母親的，母親要的是甚麼？給她買新衣服，給她錢，她就會開心嗎？她要的只是陪伴，在她有生之年陪着她。錢沒了，可以再想辦法，做點兼職。

她畢竟還算是幸運的。

那是 2016 年 7 月 18 日。香港無線電視台來鯉魚門作旅遊節目直播。整個鯉魚門一帶，攝製組只會訪問幾家店鋪。原本事先沒有安排銀龍餐廳。監製無意中走進「銀龍」。當時店裏沒甚麼生意。

李凱瑚不知道進門的是電視台監製。

監製問：有空閑嗎？

她說：有空啊。

聊天時，無意中她透露自己在廣西經商，父親和弟弟走了，她回來打理商鋪。

監製聽了，發現了精彩故事。他就說：李小姐我能不能訪問你？

她沒明白：訪問？

監製遞給她一張名片，她乍一看，略驚喜，是香港無線電視 TVB。

不過，她還是沒太當一回事，或許是說說而已。

一個月後，那位監製果然給她打電話。果真要訪問「銀龍」了，她顯得特別興奮。

7 月 18 日電視台播出了這個節目。在一集裏，李凱瑚與銀龍餐廳就幾乎佔了半集時間。翌日一早，銀龍門口站着二十多位客人，在等她開門。一家媒體拍攝後，多家媒體看了這個節目，《飲食男女》來找她，《壹週刊》來找她，有線電視也來找她，講她的故事，講餐廳歷史。

鯉魚門，最怕颱颱風。2018 年 9 月 16 日，超強颱風「山竹」來襲。狂風暴雨肆虐，海水雨水漫街，她當時只來得及拿了她父親和弟弟的遺像就離開了。銀龍餐廳被齊膝蓋的大水浸泡了五個小時，她看到流淚了。店裏的電器設備全都毀壞了，石油氣爐、熱水爐、抽氣扇……一年前也是颱風，店裏的電器全壞了，她借貸維修。這一回，有熱心朋友給她送來二手冰箱。颱風浸水，滿屋淤泥，她一點一點清理，用雙手忙了五個白天晚上。整條街街坊也都各自在忙，沒法幫她。

墻角的那些木頭，都用布包裹着，那是她爸爸遺留下來的，水浸爛了。整個餐廳，她都想重新裝修，但哪來的資金呢？她每天都捫心自問：「我還可以撐多久呢？」

有朋友勸她，把店舖關了，向政府申請綜援（綜合社會保障援助）過日子。

她心想：我還有力氣賺錢，打開門掙碗飯而已。政府能不能借點錢，提供低息借貸，讓她維修好店舖。兩年了，政府沒有管她，店舖都泡得爛了，還是沒人理她。她對政府不滿。

一次，她兒子的同學言談中同情那幫上街示威反政府的年青人，她說：「對這個政府，我也生氣，如果說這場反修例運動是反政府，我也反。但我明白道理，需要時間磨合。你以為只有你們不滿嗎？」

2019 年，一個颱風都沒有來香港。早先，天文台的朋友告訴她會有十個颱風要來香港，結果最後一個都沒有來。沒想過人禍比天災更甚，入夏，自然界的颱風沒來，那社會上的黑色暴力颶風卻一陣陣襲來。她只是希望社會和諧，家人平安，生活其實很簡單，生意能養活家就足夠了，人要憑良心去選擇，堅持做對的事。她從小就常常聽父親這樣說。父親的正直和善良始終是李凱瑚的為人宗旨。

她傳承的是父親的家風。家風，是對家族文化、地域文化的深刻體認，說到底是一種源自文化與價值觀層面的高度認同。

正如家風的傳承，她還從父親和弟弟手中接過「香港傳統奶茶」的工藝，這也是一種傳承。

一天，有個前輩對她說：「喝你這麼好的奶茶，你為甚麼不去參加奶茶王比賽？」

奶茶王比賽？她聽都沒聽說過，那是很遙遠的事吧。李凱瑚對那前輩搖搖頭。

那前輩幽幽地說：「你就嘗試一下，學習一下，見識一下嘛。」

她望著那前輩，覺得字字在理。

前輩接着說：「你趕快去上網報名，在廣州舉辦的。」

她匆匆報了名。

那是以「致敬不凡」為主題的第十七屆中國飯店全球論壇，於 2017 年 3 月 21 日至 22 日在廣州富力麗思卡爾頓酒店召開，同時舉行第十七屆中國飯店金馬獎盛典、2017CHF 中國飯店品牌展會等活動。大會新增加一項由亞太酒店業主辦的至尊金茶王大賽，各著名食肆精英二十四人初賽。

李凱瑚說，這個比賽很公平，十二位裁判分成兩組，每組六人，防止有人作弊。評委不會問參賽者來自哪裏。被譽為「茶餐廳之父」的銀龍連鎖點老闆劉榮波（波哥）是總裁判，裁判還有潮州百樂酒家德哥、翠華茶餐廳輝哥等。二十四個參賽者同台，她才知道他們中間有人已經是三十年大師傅，有人是四大餐飲集團做了十三年師傅，有人是當年「奶茶王」首徒，個個都是金光閃閃，她知道有一個選手來自香港美心餐廳，一個選手來自香港翠華餐廳，他們都是大師傅。參賽者有來自深圳、佛山的。有參賽者得知她僅有一年的奶茶經驗時，又像安慰，又像鼓勵，說，「沒關係，慢慢學，我們可以慢慢交流」。

李凱瑚點點頭，內心卻不這麼想的，她自己對自己說，「我是想拿這個奶茶王冠軍來的，不過希望渺小，能拿到一個甚麼獎也就滿足了」。精英決鬥，二十進十，十進六，她都闖關了。沖茶的時候，她就想着自己是在銀龍店裏沖茶，不出錯，沒傾倒，沒打破，就可以了。她又想到阿爸，會保佑她。賽前，她以感恩的心情，念叨了三遍：「阿爸，你在天上要保佑我啊。」

比賽一共設十個獎項和一個「至尊奶茶」。十個獎項裏有最佳人氣等，她只希望能拿到一個。評選結果是從第十個開始宣佈。每宣佈時唸一個，她都想站起來，結果不是她。念到第十個獎「最佳人氣獎」的時候，她想應該是她了吧。因為這十個獎項之後才頒「至尊奶茶」，這「至尊奶茶」與她無緣呀，怎麼可能會是「至尊奶茶」呢？那她希望第十個獎能頒給自己，結果又不是她，她好失落，白白來參賽了。最後大會宣佈，2017 年度「至尊奶茶」得主：李凱瑚。

當時她好像沒聽懂，坐在台下，沒甚麼反應，她不知道誰叫「李凱瑚」。她身邊的推推她說，「在喊你啊」。李凱瑚竟擊敗羣雄奪冠，成為「至尊奶茶王」。

她很興奮，第一時間告訴了媽媽，也默默告訴了在天上的爸爸和弟弟。她自己都不知道發生了甚麼，也不知道為甚麼最後會是她得大獎。

李凱瑚被封為「至尊奶茶王」，許多人以為她來自內地，總裁判劉榮波誇獎她沖的奶茶口感超讚，問她來自哪裏？李凱瑚答：銀龍的。銀龍三十多間連鎖點老闆劉榮波意外驚喜：是哪家分店？李凱瑚答：對不起啊，不是你們銀龍連鎖點的，是來自鯉魚門一家很小很小的銀龍咖啡茶座，和你們的銀龍沒有關係。

她獲得金茶王美譽，但她自己卻不喝奶茶，因為她不能喝奶。常常會有人問她，那你怎麼知道這個奶茶好呢？她是靠聞就能知道這個奶茶好不好，她從小就跟着父親識別聞奶茶。

警察朋友都愛喝她店裏的奶茶。2019 年 7 月，她公開撐警，店裏遭遇暴徒衝擊，生意一落千丈。沒想到，困境中，第一批來支持她的就是警隊，三萬個警察陸陸續續來店裏，「銀龍」門前排起長隊，鯉魚門掀起「警隊風雲」，令人震撼。店裏接待不了這麼多警察客人，食材也用完了，李凱瑚一遍遍走到店外，跟排隊的警察説對不起，東西都賣完了，你們不要再排隊了，店舖太小，接待不了那麼多朋友。警察都笑着説，説沒關係的，老闆娘你加油。

李凱瑚想，可不可以讓這些警察不要這麼折騰趕來鯉魚門，自己能不能每週都去警署給警察沖奶茶喝。有的人覺得她很傻，讓他們排隊，做你的生意。她覺得不可以這樣，店舖太小，很多設備都壞了，接待不了這麼多客人。香港有 62 個警署、報案中心和交通部，李凱瑚每週選擇一天，去一兩個警署為警察免費沖奶茶。2020 年 3 月起，因新冠疫情原因，走動不便，李凱瑚便把「銀龍」店的招牌布丁，包裝成「加油布丁」，贈予香港三萬名警察。

每週要安排去警署，成了「銀龍」小店的一樁「心事」。生活有了一種期待，日子似乎過得特別快。

12 月 26 日，聖誕節「拆禮物日」。李凱瑚收到了「大禮物」。

「李老闆，你好啊！」新任港警「一哥」鄧炳強來到銀龍咖啡茶座，為李凱瑚點贊。這是他第三度來「銀龍」探望她。之前，李凱瑚與鄧炳強合影的照片，在網絡上盛傳。鄧 Sir 不是第一次來「銀龍」幫襯，早在升任警務處長之前就來探訪過，那時李凱瑚因撐警遭遇諸多不公待遇，他專程來為她打氣。「一哥」進店，食客都認出他，大叫「警察加油」，紛紛與他合影。

事後，李凱瑚笑言：「『一哥』來店裏，必點腐乳西多士、餐蛋麵和熱奶茶。未來，我都會拿出個新意念，做『一哥套餐』，肯定是『銀龍』的品牌。」

2017 年李凱瑚於廣州比賽中榮獲「至尊奶茶王」

李凱瑚每週都去警署給警察沖奶茶喝

勇於撐警，兒子與她距離越來越遠；
情牽深港，蛇口開新店視為新生「兒子」

媽媽和兒子，是李凱瑚心上寶貝。三人相聚的時光，充滿人生的愛意。李凱瑚是媽媽的女兒，又是兒子的媽媽。自古都說母愛如水，能夠成為母親的女人，是應該讓人尊重的。愛是圓的，真正的愛，沒有起點，也沒有終點。

李凱瑚接受不少媒體採訪，卻是第一次說起兒子的故事。她兒子 25 歲，是「黃絲」(支持反送中的黃絲帶人士)，他總要去參加所謂「反送中」遊行，與她立場觀點對立。她怕公開報道後，兒子承受不了壓力，有人會攻擊他，指責他有一個支持警察的母親。

有一家媒體多次來鯉魚門要採訪李凱瑚，她都拒絕了。她深知這家媒體反中反共反華的立場。有一次，這家媒體又來採訪，礙於情面，她跟他們客套了幾句。他們竟將她的客套話寫了出來，說她對這家媒體信任，有好感。事後，好多熟悉她的朋友紛紛問她是怎麼回事，質疑她怎麼支持這家媒體了。李凱瑚淡然一笑，回應稱「你不覺得很奇怪嗎」？她心裏踏實，自己不用解釋，熟悉的朋友根本都不會相信，不熟悉的人怎麼解釋也沒有用。

這天，她回餐廳，見兒子正在接受這家媒體採訪。她震驚，她難過。她最親近的人，為甚麼要這麼做？百思不得其解。兒子對她嚷嚷，「這是甚麼接受訪問？他們只是和我講了幾句話，你就回來了」。

她明白，自己與兒子的距離越來越遠了。她內心茫然。她是單親家庭，她的婚姻很差，兒子 4 歲的時候，她和先生離了婚，是她獨自扶養兒子的。如今，兒子也要離她而去嗎？

早些日子，52 歲的李凱瑚找到了宣洩情緒的辦法：寫下來。寫下，似乎也就放下了。第一次寫的時候，寫得好辛苦，寫了兩張紙，記下的都是她當時的心緒。寫下來，與一張張白紙敘說。她沒想過，以後會不會把它們拿出來翻曬、過目。

最真實的話，是說給自己聽的。

這一天，她用這樣的文字講述——

有人問我，你又不是警察警嫂，為甚麼要支持警隊？是因為我覺得社會上那些暴徒如此對待警察，太不公平，如果我都不能做一個維護公平公正的榜樣，我兒子將來會成為一個甚麼樣的人？

和兒子一起回來香港有四年了。這裏的街坊都說兒子好。每年的母親節，他都抱着一束鮮花，不怕別人笑，一路拿回家送給我。我一個人養大他，每次颳颱風時，兒子每天晚上都會打電話問我，你回不回來，在餐廳還是回家。現在的他，卻讓我感到陌生，經歷 2019 年初夏的黑色風波，似乎他已經不愛我了。沒想到，六個月的時間可以改變二十五年的感情。

和兒子是真心相愛的，有人問他為甚麼不去外國讀書，兒子說我要和我媽媽相依為命，我聽了很感動。和兒子曾經十指緊扣，你愛我，我愛你，那麼親密，那麼融洽，一起去剪頭髮，一起外出吃飯，一起去買衣服。我買了一件新衣服回家，他會跟我說，媽媽這件衣服不好，顯得你老。

如今他變了。他每天收到的假資訊太多，天天都是「黑警殺人」。我在兒子的臉書上讀到那麼糟糕的文字，盡是粗話，好難聽，我看了都覺得很羞愧。我原來是會講粗話的，我一直大大咧咧。兒子 8 歲的時候，有一次，兒子對我說，「媽媽，你可不可以不要講粗話，沒有自信心的人才講粗話」。現在，他自己的臉書上都用粗話。為甚麼我兒子會變成這樣？所以我真的很生氣，我常常對朋友說，不能低估這類事，要好好關心你的孩子。他現在好，不代表未來他還是好的，因為很多人會把他引向歧途，是我教育他不懂得珍惜，是我把他保護得太封閉了，如果我之前每天都讓他來店裏看看，他一定不會走上今天的道路。他不明白生活的艱難，以為那些人是在幫他，其實都在害他，所以我也有責任。我選擇走這條路，就要繼續走下去。

兒子從小在單親家庭長大，一直比我有自信、有主見，自我中心較強，最初我選擇了寬容和理解他。作為父母，我們真的都有責任。「你想買名牌波鞋啊？媽媽給你買」，「你要手機啊？錢夠不夠啊？六七千元買一部手機，媽媽替你買」。這幫年輕人，天天買這買那，波鞋、手機，去旅行。正是父母寵壞了他們，社會寵壞了他們，除了香港教育出了問題，我們所有人都有責任。我對兒子說，「我管不了你在外面做甚麼，但你能不能天天回家，我珍惜我同你的關係，希望保持健健康康的母子關係，在家裏我們能不能就不談街上那些示威暴力事」。

有兩次，我對兒子說，「你如果真的處理不了，你可以選擇登報紙，表示脱離母子關係」。這些不會影響我同兒子的關係，會方便他去做他想做的事。有些人不理解，會問我，「你為甚麼要這麼説」？我説，「沒有關係，就算他登了報紙發誓不再是我兒子，難道他就不是我兒子嗎，我不是他媽媽嗎」？

有一天，兒子對我說，「媽媽我不再愛你了」。該不該撐警，我倆第一次為此吵架。我很希望他可以回到我身邊。他一直很堅強，從來都沒見他哭泣。有一天，他哭得梨花帶雨，打電話給我，「你可不可以讓我一下啊」？我當時在觀塘警署忙着給警察朋友沖奶茶，我說「甚麼事情啊？你在講甚麼？」兒子又說，「你知不知道我被人欺負啊？我走得那麼前，還被他們罵。」當時，我真的好心痛，好慌亂，我都差點跌倒，我說你在講甚麼，你講清楚誰打你了。兒子說，「他們覺得我是你的影子，媽媽是藍絲，你怎麼會跟媽媽不一樣，是黃絲」。

我知道這事一時是難以解決的，於是我對他說，不行，你回來再說。他回家之後跟我說：「你知不知道我覺得很失望，你總是那麼忙，疏忽了兒子，我不再愛你了。一個教育我二十五年，要我當好人的人，現在變得這樣，我對你很失望。」

兒子見我沒有回應，便問，「你沒甚麼要說的嗎」？我說「沒有」。我知道這不是三言兩語能說明白的，何況大家都有情緒。我頓了頓，說，「雖然你不愛媽媽了，但是媽媽還愛你」。我說，「每個人在這個世界上都是一個獨立的個體，你做任何事情都要對自己負責。不管你是不是被人槍殺，不管你是不是被警察抓走，也不管你是不是因為暴動關十年監獄。我已經講過了，我不想你去做那些事，但你已經長大了，我也阻止不了你。媽媽今天就同你說，你只要平安回來就可以了」。那以後就沒有再說話了，他沒有再回來。我在臉書上對前夫說，我真的處理不了，很擔心兒子會出事，希望兒子能早日回家，希望他平平安安。我真的非常難過。但在大是大非面前，我不會讓步的。

我人生的座右銘就是：事無大小，承擔得起我才去做。我從小到大，無論大事小事都是這樣。如果這件事做了之後要去坐監獄，可我不想做監獄，我就不做這件事。如果你要去參加示威還一直往前沖，那麼你就有可能會中槍，所以你可以選擇不去。

這條路，我會堅持走下去。我明白，一定要有好的心態才能走下去，每天做人做事都要保持一個好的心態。一想到兒子不回家，我會很難過；一看到暴亂新聞，我會很憤怒。這些日子，我的情緒也出現了問題。我對自己說，一定要救回自己，坦坦蕩蕩繼續往前走……

過了十個月，李凱瑚又用文字記述——

在香港，因為個人的價值觀和政見的不同，一些家庭的親情關係經常遭遇危機。但面對兒子對我的誤解，我沒有選擇退讓。我告訴他，這不是政見和價值觀的問題，而是大是大非、暴力與正義的較量問題。「我今天不會讓步。倘若我今天讓步，你將來會成為一個怎樣的人？」此後一段時間，我倆的關係跌入低谷，他也經常消失不見。或許是這一年兒子接觸的人和事多了，也或許是有其他的甚麼特殊原因，在經歷幾個月的尷尬後，他對我的態度竟然逐漸有了緩和。

2020 年農曆大年初一，兒子突然回到店舖給我拜年。那次拜年，在我心中就是母子關係破冰的開始，從 2019 年 8 月的「決裂」後，他都沒有回來店舖看過我。一年後 9 月 20 日是我生日，兒子又買了一雙鞋子給我，款式跟他穿的一模一樣。最後他還約我和他未來的「婆婆」一起吃中秋飯……這些細小的改變，讓我覺得溫馨又開心。從他逐漸回到關心我的日子開始，我心裏就想着「這一天，我終於等到」。

隨着香港國安法落地，香港的社會秩序逐漸恢復正常。兒子是手機維修員，工作態度認真。有一天，他告訴我，他與女朋友是中學同學，兩小無猜，快要踏入人生另一階段。聽到這消息，我內心很激動。我告訴他，這一年你長大了很多。你要對家庭負責任，因為從現在起，所有事情都已不是一個人的事，底線是不可以做犯法的事，「事無大小，結果承擔得起才可做，要活出精彩人生」。

……

李凱瑚每天都會記下一些自己的生活感受。她寫下兒子，還寫下另一個「兒子」：在與香港鯉魚門一水之隔的深圳蛇口，開了一家分店深圳「銀龍咖啡茶座」。

李凱瑚成了「至尊茶王」，不相識的人從廣東各地紛紛來找她，說她「有歷史，有故事，有才藝」，希望能合作，條件也很吸引人，給股份，安排住房，收入贏利分錢，但有一個條件，要求她從銀龍咖啡茶座抽身。要她離開銀龍店，她沒法做到，店沒了，媽媽憑甚麼坐在那裏？用錢能買到媽媽的開心嗎？媽媽現在每天如常，誰見到她都說她很精神。這些年，她真的放棄了很多，有一些熟人朋友都覺得她的選擇好蠢，不理解她。

李凱瑚撐警反黑暴的故事，在網絡上熱傳，網友關注點讚。新冠疫情前，不少內地網友紛紛到香港鯉魚門的「銀龍」茶餐廳打卡。令李凱瑚的生意一度好轉。2019 年 10 月，透過香港朋友，她與內地「九零後」小夥子晏振宇相識了。晏振宇來自新疆，大學本科就讀法律專業，畢業後曾任職房地產公司。

他早就聽說鯉魚門李凱瑚的故事，感受到濃濃善心的她，對香港對這個國家的正義感。晏振宇說，這讓他有了幫助李凱瑚開分店的想法，圓她一個夢。

那天，他來到鯉魚門「銀龍」。

李凱瑚一直在忙碌。

阿Sir我撐您
We Support HK Police
Like
Madam我撐您
We Support HK Police
嚴禁吸煙
NO SMOKING

他獨自欣賞這兩堵牆上撈警的照片和文字。

半小時過去了，李凱瑚仍在忙。

他趨前對李凱瑚輕輕説了一句：「李小姐我想跟你合作。」

李凱瑚沒聽明白：「甚麼？」

他說：「我倆合作，在深圳開分店。」

她微微一笑，淡淡地說：「我好忙，你稍等，多坐一會兒，我們再聊。」

最後他走了，李凱瑚一直在忙，都沒機會講話。她沒有一聽説合作，就放下手中忙着的活去談。每一個客人都是來支持自己的，她都很珍惜，很認真待客。

第二次他又來了。交談中，她和他都感受到與對方有共同「深港情」理念。她說：「其實我沒有資金投資的。」他說：「你不用出錢。我們想做的是一件事，就是幫到香港和內地的年輕人。」這句話撩起她的心緒。

她和他有個共識，將餐廳的部分盈利拿來幫香港年輕人。佔中和反修例事件，看到走上街頭的年輕人，源於對共產黨的仇恨和恐懼，能不能創造一些條件多讓他們去內地走一走，看一看。在內地的新店會招募一批香港青年參與運營。將新店的盈利所得，給香港年輕人貸款，讓他們在內地安心創業，幫這幫年輕人走回正途。

早些年，她確實有過能在粵港澳大灣區開分店的念頭，但資金是個問題。之前也有人要買這家老店的招牌，在全國開連鎖店，但她不想掙這種快錢，她開新店只是為了拉近與內地同胞的距離，傳承老店的品質。疫情之前，很多內地同胞聽聞她的遭遇，紛紛從全國各地跑到香港「銀龍」店，喝杯奶茶，吃塊點心，以示支持她。她特別感動，好多地名，她都是第一次聽説。她漸漸有了想法，去內地開分店。別讓內地同胞跑香港那麼遠，都可以品味她的招牌飲食。

幾經探討，李凱瑚與晏振宇決定在內地合開首家「銀龍」分店，選址在深圳蛇口海上世界商場。在深圳開店，她都沒有出資，但她和合作夥伴憑着相互信任，就由此起步了。李凱瑚相信感覺。人如果不相信感覺，也許會錯過人生中不少次機會。

2020 年 3 月，新店試營業。因為疫情，李凱瑚無法去深圳新店，只能疫情退後再擇日正式開張。新店裏，港式奶茶、西多士、芒果布丁，都是香港警察愛吃的，為內地食客創造了想象空間。疫情前，李凱瑚幾乎每週都過來新店設計打點，這裏的一磚一瓦，都傾注了她心血。店內與香港店相似，有着眾多「撐警」元素。以「支持警察」元素為主的一面牆，貼滿了香港警隊的漫畫，都是粉絲送給李凱瑚的畫。刺繡而成的香港警徽最為奪人眼目。有一面牆掛着李凱瑚撐警的新聞報導。

提起晏振宇，李凱瑚說：「我們雖來自祖國一南一北，我說粵語，他說國語，但我們合作無間，彼此都感受到對方合作的誠意。」她說，等疫情過後，她就可以常到深圳照看店舖，與支持她的內地網友走得更近一些。

在深圳開新店，李凱瑚又被捲進一場輿論新漩渦。黃絲和暴徒在媒體，在網絡上對她發起一陣陣攻擊，謊言不斷。「她撐警不就是為賺錢嗎？」「終於露出尾巴了。」「討好中共，不就是圖利嗎？」……

說謊者最大危機不是謊言被揭穿，而是為了使那個謊言不被人揭穿，就必須說更多更大的謊言來維持它。謊言一旦揭穿，反而使真實變得異常強烈。這種強烈感就來自謊言的襯托，謊言是真實的綠葉，掐掉了綠葉，真實會很寂寞。

這一天下午，店裏客人不多，她在靠近廚房的卡座上坐下，拿出筆和本子，記下自己的心情，記下輿論攻擊，網絡謊言。

——如果去內地開分店是為了賺錢，我早就去了，2017 年得了「至尊奶茶王」之後，很多內地人上門來找我，給我的條件特別豐厚。但都沒打動我的心。

——我在深圳開分店，只是要表達我的感謝至情。我

李凱瑚與兒子

李凱瑚與母親

熱誠樂觀的李凱瑚

撐警，內地朋友也撐我。他們從五湖四海買機票來鯉魚門喝一杯奶茶，我能不能在內地讓朋友們，在同樣撐警的氛圍中，喝一杯相同的奶茶？我真的很想多謝他們，別讓他們這麼辛苦跑來香港。

——我不想讓媽媽在有生之年看到店舖被暴徒襲擊的那種情況。我原先以為只要我不說，她就甚麼都不會知道。錯了，有媒體訪問我媽媽，媽媽說，「不要以為我傻，我其實很擔心我的女兒，很擔心我家的那個店」。我沒告訴媽媽我準備在深圳開新店，有人跟她說，你女兒在開新店，她都不信，她說，不可能，哪有錢投資。我最想的是，新店開張當天，我能帶着媽媽北上去剪綵。我想讓媽媽安心，銀龍咖啡茶座在內地開分店了，她不需要再為我為小店擔心。我為此有點急，只是想讓她在有生之年能看到，誰知道明天會發生甚麼事呢？

——我和合作夥伴有共識，我當時對他說，如果雙方合作，他需要答應我一個要求，就是不賣加盟。之前很多人來找，想合作賣加盟店，銀龍咖啡茶座正頂着「正義之士」的名銜，有茶食精藝，有故事歷史，我又是網紅，百萬港元賣一家店，沒問題，但不能這麼做，我要做良心的店舖，小小的生意，三間、兩間可以，暫時開一間，試一試。

……

她記錄自己的心情，記錄自己的感悟。單獨和自己在一起的時候，快樂的時候，孤獨的時候，思想走近深刻的時候。感覺自己的靈魂需要安撫的時候。她把這一些傾述在紙上。

那天，在銀龍餐廳，讀着她的記錄。

李凱瑚坐在我對面。她望着壁上滿墻撈警的照片，不知是自言自語，還是對我說，突然蹦出一句：

——我想做警嫂。

高松傑：
面對黑暴，
60 週「社區清潔」大行動

**「我做的是正事。他們越是霸凌、抹黑我，
我越要堅持做。」**

42 歲高松傑，人稱「高 Sir」，被譽為「清潔香港的人」。他特別喜歡法國作家雨果的那段話：

> 生活，就是理解。生活，就是面對現實微笑，就是越過障礙注視將來。生活，就是有正義感、有真理、有理智，就是始終不渝、誠實不欺、表裏如一、心智純正。生活，就是知道自己的價值，自己所能做到的與自己所應該做到的。生活，就是理智。

這天，他又想起這段話，是因為他倡導和主持的那場「青年快閃社區清潔」行動，歷經一年多，已近尾聲，是第 58 周，還有最後兩星期。

第 58 周青年快閃清潔，前後有六百人參與的大隊行動作最後努力。一班義工繼續以四人一小隊，快閃走去大街小巷，清理「黃絲」暴徒留下的充滿仇恨的文宣和塗鴉，還原昔日清潔，希望能以此彌合分歧，讓人們知道香港也有一羣期待和平、充滿博愛的人。大隊行動已近尾聲，大家都有點不捨。

發起這一行動的高松傑，感謝大家一年多來不分晝夜守護香港，未來會繼續做一些「修復人心」的事，讓每一位香港市民盡快過正常生活。每個週末，他們會繼續走上街頭。大隊行動告一段落，但小隊快速清潔行動仍會延續，守護香港每一處公眾地方。雨果說的「生活」、「理解」、「微笑」、「障礙」、「將來」、「正義」、「真理」、「理智」、「始終不渝」、「誠實不欺」、「表裏如一」、「心智純正」，正是這一年裏，心靈的版圖，記下經歷的許多的事，走過的許多的路，理解的許多的痛，承受的許多的恨。

2019 年 8 月。香港黑暴肆虐。這座城市瀰漫着仇恨。

一天傍晚，他從旺角上海街走入亞皆老街，拐入彌敦道。

燥熱的微風中，墻上、燈柱、店招、路牌，盡是仇共、仇警、仇內地、仇政府的文宣塗鴉和標語海報，煽動暴力、散播謠言。昔日文明的香港，街道很乾淨，如今暴亂後，牆面和地面盡是污垢，貼滿了海報文宣，髒亂而醜陋，隧道裏堆着垃圾，散發陣陣臭氣。這一陣，香港的示威行動往往以暴力收尾，每當抗議者散去，街巷滿目瘡痍，外牆被黑漆噴黑，還被塗上各種侮辱性的詞語，滿眼盡是粗口，惡毒辱罵警察、辱罵政府，辱罵內地人。

高松傑看着，皺眉抿嘴：大家都是香港人，都是中國人，為甚麼要這樣拼個不死不休？今日香港社會充滿負面情緒，作為土生土長的「香港仔」，他從事的是青年教育工作，他想讓香港年輕人放下仇恨，走出「地獄」。再說，中外遊客那麼多，目睹滿街的暴力文宣，散播仇恨，作為香港人，不想讓遊客帶走太多的烏煙瘴氣的負評印象。

於是，他選擇光明磊落走出來，去清潔香港，清潔社區。自己只是小人物，只希望透過做這樣的小事，為香港帶回一點和平和溫暖。

人生許多事情是迴避不了的。在當時的香港，他的這一選擇是需要勇氣的。

他先找了一些熟人朋友，想共同做成這件事，不過，大家都說是好事，卻又擔心清潔暴徒的文宣，會挑起是非，遭暴徒毆打。他問了二十個年輕人，三個人願意參與清潔行動；兩個人明確回復說怕被人打、太危險；十五個人沒有一句回復。

人各有志，高松傑心想，自己先行動起來。

香港島婦女聯會副秘書長歐陽鳳盈卻挺身而出，全力支持他。她和他都是「青年夢想實踐家」得獎者，他倆合作過很多工作。歐陽與他一起參與發起「青年快閃社區清潔」行動。

8 月 10 日，星期六。滂沱大雨。高松傑心想，首次行動就遭遇大雨，這分明是一場大考，既然決定了，就不能被任何惡劣因素改變了。他與歐陽鳳盈，還有三名義工朋友，穿着雨衣，一起去深水埗。之前一天示威遊行，後來演變成暴力事件，他們在電視上看到環境被破壞得亂七八糟，於是就選擇去那裏清潔。他們拎着水桶，帶着抹布、清潔液、小手鏟等工具，清理非法張貼反中亂港文宣的「連儂牆」，清除街道墻上和路牌上密密麻麻的標語、海報和塗鴉。行動後，他把照片和視頻發佈在社交媒體上，引起網友關注。大雨下，渾身上下很快就濕透了。也多虧了下雨，他們一邊清理，牆上的東西一邊被沖刷脱落，那次大約一個多小時就清潔完了。

「青年快閃・社區清潔」活動紀念

與眾義工一起清潔通道

8 月 17 日，第二次行動。九龍港鐵太子站。暴力衝擊下，太子站傷痕累累，很多香港人都不敢走近太子站一帶，但高松傑和夥伴們還是去了。沿着旺角警署，將周邊暴徒文宣清理掉。好幾個婆婆看到這幫年青人正義行動，也紛紛加入。不少長者上前對他們表示感謝。一位九十多歲的婆婆特地走到高松傑跟前致謝。她說自己年紀太大了，只能靠這些年輕人替她做這些清潔工作。高松傑說：「你們這一代給我們留下這麼好一個家，我們有責任和使命清潔好，香港就交給我們來守護吧。」高松傑他們還走進警署，告訴警察，已經把周圍的暴徒文宣清理了，感謝他們為香港的付出。警察們都很感動。

港鐵何文田站的清理現場，是他們的第五次行動。從出站口到天橋的盡頭，超過 200 米距離，眾義工默契地分散開，拿出工具開始清潔。先噴水，再用手鏟刮，有些粘膠較厚的地方則需要使用清潔劑。清潔完何文田站，他們又步行至紅磡，在一處被污損的天橋上繼續清潔。上午 11 時許，持續兩個小時清潔工作完成，恢復原貌的通道顯得乾淨清爽。多位路過的市民向他們伸出大拇指，稱讚「做得好」。

香港大埔烏蛟騰。抗日英烈紀念碑。2019 年 9 月 17 日，紀念碑遭示威人士塗污破壞，表達反政府訴求。紀念碑的底部噴塗有「反送中列（應為「烈」）士」的字句，而另一塊石碑則被人噴上「反送中」字樣，出入口的門柱也被人塗污。

1941年香港淪陷進入三年八個月的日佔時期，當時廣東人民抗日游擊隊東江縱隊，曾派出精英成立東江縱隊港九大隊，烏蛟騰就是此隊的重要基地。1942年農曆8月16日，日軍包圍烏蛟騰村，強逼村民繳械，且供出遊擊隊員身分，村長李國藩與多名村民堅拒妥協，終被日軍折磨至死。香港重光後，村民在烏蛟騰一處山坡豎立紀念碑，緬懷犧牲烈士。後來村民認為該地方太偏僻，遂建議遷至現址。2010年9月24日（農曆8月16日）重建落成。2015年8月，抗戰勝利七十周年前夕，國務院公佈《第二批國家抗戰紀念設施、遺址名錄的通知》，其中包括烏蛟騰抗日英烈紀念碑。

高松傑從電視上看到了暴徒毀壞紀念碑，他按捺不住了，震怒，憤慨，這是對烈士的不敬。明天是9月18日，「九一八事變」，當年盤踞在中國東北的日本關東軍突襲瀋陽，是武力征服中國的開端。高松傑心想，一定要在明天之前讓紀念碑恢復原樣。

他拿起手機，給一個個義工朋友打電話。有人說太晚了，有人說大埔太遠了，有人說太危險了。不過還是招募了七個義工，他們連夜趕去，把紀念碑上的塗鴉清理乾淨了，在「九一八」紀念日前回復原狀。9 月 18 日當天，駐港解放軍瞻仰抗日烈士紀念碑儀式如期舉行。

這一天，高松傑記下自己的思考。

——你要表達訴求，可以透過不同的合法途徑，但以破壞烈士紀念設施的方式，來突出自己立場，那是人神共憤的。

——紀念碑地處人煙不多的鄉村，這些暴徒跑去那兒可謂處心積慮，選擇在「九一八」前夕破壞，無視先輩們用生命和鮮血換來的果實，將對政府的不滿，發洩在烈士身上，情何以堪。

——他們沒有讀過中國歷史，對我們的國家不了解，甚至有些老師也會把自己一些思想灌輸給學生，讓他們的思想變得盲目和偏激。他們的訴求究竟要達到甚麼樣子，我有朋友去做過調研，他們很多人答不出來。

——只有了解中國歷史，知道香港之前是怎麼被殖民統治的，如何被瓜分和欺負的，才能更好地了解現在。現在很多家庭和學校，歷史教育缺失，這些年青人的認知是片面的。

……

每當他記下感受的時候，他總喜歡靜靜地看看天。其

2019 年 9 月 17 日連夜清潔香港
大埔烏蛟騰抗日英烈紀念碑

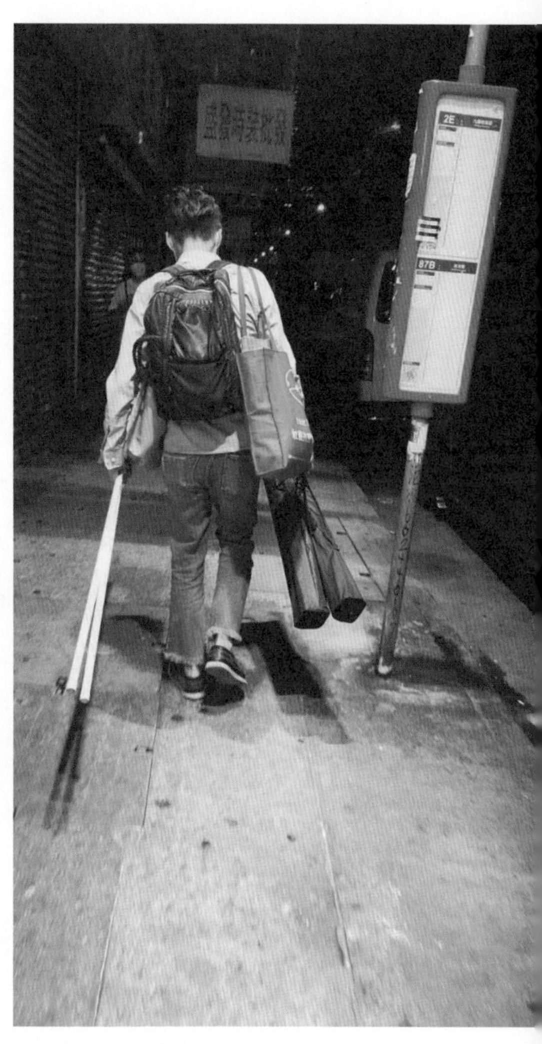

深夜帶上工具踽踽獨行的高松傑

實，天是沒有表情的。只因為天的高遠，讓他的心平實了，恬靜了，而後美麗了。

「德不孤，必有鄰」。事實上，正能量在香港這座城市從未缺席，自發的善舉如同陽光，不斷穿透反對派和激進勢力製造的「黑色恐怖」。高松傑和他的朋友義工，每一次行動，都像一點小小的火星，激發更多的火苗。每一次行動，都像一朵小花綻放，因為花開，一個春天都不寂寞了，花開怎麼能寂寞呢？花怎麼能兀自地開着卻沒有聲音呢？正是一朵一朵花開的聲音，香港才會有春天的交響樂。

第一次行動時，高松傑也有點擔心，上街清理時會不會遭到暴徒襲擊。他自己倒不在乎，他帶領的這幾個義工同行者，絕對不能讓他們遭遇暴徒圍毆受傷。他特意選擇早上行動，趁那幫暴徒還在睡覺沒外出的時候。後來下雨了，他就安心了，他知道他和這幾位同行者，都會冒雨去清理這些散播仇恨的文宣，但那些暴徒不會讓雨水濕身。高松傑和義工同伴，他們不會公開預告自己的活動，只會在事後將視頻上傳到社交媒體。

一次在城市大學附近作社區清潔，高松傑與 12 名義工清理路障的場面被一家電視台直播，不少市民看到直播後匆匆趕來現場，這個原本才 13 人的義工隊伍壯大至 200 多人。每次行動前，高松傑都要仔細評估這次行動所需人力和時間，據此招募合適數量的義工。有一次出動 300 人清理大埔一條貼滿違法文宣的「連儂隧道」，更多時候以數人、數十人的小隊行動，爭取在 10 多分鐘乃至幾分鐘內完成一個地點的清理。這樣，即使被黑暴分子發現，從網上動員大批暴徒趕來，高松傑的清理活動已成功結束，清潔人員已就地而散。

越是絕境越瘋狂，暴徒的報復行為是強弩之末的最後掙扎。蔚然成風的義舉是對惡行的最大震懾，市民自發的清潔行動是一個可喜的開始。高松傑不希望有爭拗或暴力場面發生。面對撕裂的社會氛圍，他認為，硬碰硬的直接衝突，只會讓撕裂加劇。他告訴香港年輕人，都是中國人，中國人不能打中國人，在任何場合，無論發生了甚麼事，大家坐下來好好講。他還告訴年輕人，一旦有人做了任何壞事，我們都應該站出來撥亂反正。他希望義工行動以文明、非暴力的方式，讓市民看到「我們只是想清潔社區，讓街巷乾淨，讓道路通暢」。他堅持清潔，堅持發聲。他告訴年輕人，誰越是害怕暴徒，暴徒就會越囂張。

那天，他們在九龍塘清理堵路的雜物時，數十名投擲磚頭和汽油彈的學生怒氣衝衝上前挑釁。雙方在路橋上對峙，互相對罵，情緒激動，對立的陣營各有六七十人。

此時，高松傑跑到中間，雙臂向兩邊伸開，做了個把雙方都同時推開的動作。他嚴肅地對自己的義工說：「我們不能衝動，否則好事變壞事。」

遇到有人上前辱罵，哪怕是罵了高松傑母親，他也會笑臉相對，和氣地講道理，或者只是簡單回應「多謝」而已。他心裏清楚，他們就是來挑釁自己的，他們就等着雙方衝突的場面出現。自己生氣暴跳就會陷入他們設計的陷阱了。

高松傑並不懼怕暴徒。在暴動初期，他也經常去示威現場，身為教師，他不能不多了解這些年輕人的想法，為甚麼要衝擊警察，為甚麼要衝擊政府機構，為甚麼要衝擊地鐵商場。在現場，他三次遭催淚彈襲擊，那是在深水埗、尖沙咀、太子三處。在混亂的現場，他一再勸說身邊的年輕人回家，警隊陣營開始推進，他便拽着拉着身邊年輕人，一起盡快撤走。

一天，手機響了。有朋友電話他，從社交媒體上又看到他昨晚出現在旺角暴亂現場，不理解他去現場的舉動：「你瘋了，又去了現場。」

他笑了笑說：「沒事，放心。身為教師，我希望可以挽救更多青年人，所以決定以身犯險到現場去。我不入『地獄』，誰入『地獄』？只要親身到了『地獄』，看到真實情況，才能想到一些助人脱離的方法。」

他繼續説，「有很多年輕人會反問我，你們藍絲知道催淚彈甚麼滋味嗎？我就會説，我都中過幾次了。不過，要強調的是，你不犯法，你就不會無緣無故中催淚彈。」

義工們在臉書上建立了專頁「青年快閃・社區清潔大行動」。每次清潔活動後，都會將圖文發到專頁上，守護香港，以愛制暴。隨着清潔活動的照片和視頻在網上廣泛傳播，高松傑感受到，很多人與他有着同樣的義憤，越來越多人在網上留言想要加入行動。參與者從最初的 6 人增加至超過 600 人，下至五、六歲、上至七、八十歲，有家庭主婦，有醫生、律師，從事各行各業的，還有多個在香港工作和生活的外國人。

現在每一次清潔活動都有幾十人參加，清理的速度很快，暴徒們無法阻止他們的行動，這個星期清潔九龍，下個星期清潔新界，再下個星期清潔港島，暴徒不知道義工們會在哪兒出現，就沒有辦法阻止清潔快閃行動。

越來越多人關注，也讓這項活動成為暴徒攻擊的目標。

黃絲暴徒為高松傑特意開了臉書專頁，名叫「零分精神」(零分精神代表高松傑 - Home | Facebook)，因為他會考曾經得零分。很多人在臉書和 YouTube 上抹黑他。他 17 歲的兒子信息也遭遇起底受同學欺凌。高松傑能感受到孩

子的恐懼。作為父親，心裏很難受。考慮到在香港不安全，兒子在他媽媽安排下提前一年出國讀書了。

有一個階段，「青年快閃・社區清潔大行動」的臉書主頁下，每天有數千乃至上萬條留言攻擊。高松傑在「起底羣」裏被惡意披露個人信息、抹黑惡搞，包括他名字、電話、住址等詳細內容發到網上。有人用他的個人資料訂酒店、叫外賣、申請貸款、登記捐精和捐獻器官；有人打電話騷擾他的家人、同事，甚至恐嚇他「小心過不了明天」，「這是你最後一個中秋節啦」……最初，他要忙着取消這些所謂預訂，天天疲於應付。被「起底」惡搞多了，高松傑也慢慢習慣了。他選擇不予理會，他發現，那些針對他的人，最怕的是你不理他。你理直氣壯，他就沒辦法了。

為了做到「快閃」清潔，高松傑四處尋覓使用效果快的清潔劑，自製各種工具，不時總結針對不同張貼品和塗鴉方法的不同清理方法，製作成視頻發佈在社交媒體，供義工參考。為了避免意外情況，高松傑都要求義工選擇不能傷人的清潔工具，也注意挑選情緒平和的義工走在前面，告誡義工當暴徒堵路及暴亂衝突期間，暫時都不要去做清除工作，以保證安全。

高松傑實踐的是「清潔行動」，在香港更多的是「清障行動」，清除黃絲和黑暴在大街留下的堵路障礙。何潤姿的善舉就感動了無數香港人。她在浸會醫院任職護士，正修讀護理碩士課程。

2019 年 10 月 13 日，攪炒派發起所謂的十八區再開花「神獸罷鷲」行動，大批暴徒於旺角堵路並大肆破壞。何潤姿聽說有示威者在旺角堵路，下午 5 時她走到彌敦道惠豐中心對出的街上清理路障，把滿街的竹枝、垃圾桶、鐵欄、雪糕筒及木板等雜物一件一件搬走。

當時附近有 200 名示威者，有二十來人把她圍住。有人從她身後踩她手持的竹枝，有人則指罵她而不時向她潑淋飲料。她沒與示威暴徒糾纏，她匆匆離開，隨後又轉到彌敦道近上海街一帶，孤身繼續清理路障。多名途人見狀，紛紛對她豎起大拇稱讚，隨後便加入清障陣營，與她一起幹，不一會兒，交通回復正常。

在彌敦道恒生銀行附近，何潤姿繼續搬移路障。此時，10 多個蒙面黑衣人趨前強行將她拉到周大福商店門外。

有人高呼「開傘」，即有五六把雨傘應聲全打開。有蒙面人將她拉入「傘陣」遮擋，對她施襲、拳打腳踢歷時半分鐘，令她腰骨骨裂、鎖骨挫傷、背部嚴重擦傷。她面部被噴上黑漆。她欲離開時，又突遭人扯着頭髮拖行三四米，遭遇腳踢拳毆打。

那幾天，香港四處頻現暴徒用弓箭威脅清障工人、用汽油彈攻擊清障市民的暴力行為，但沒有熄滅市民重整家園的熱情。在旺角，在西灣河，在天水圍，在黃竹坑，市民「忍無可忍」，互相扶持、共襄義舉，自發清理路障，拆掉暴徒在路中築起的磚牆，豎起被推倒的路標，掃除散落的瓦礫。從開始的個人行為，到路人紛紛加入。

當時，有網友評價：久違的正能量，形成足以令暴徒顫抖的正義之聲。可見，形成「示範效應」、「規模效應」是對付「寒蟬效應」的最好辦法。市民自發拆牆、清障的暖心之舉顯得尤為可貴，讓滿地狼藉的香港恢復整潔，讓烏煙瘴氣的城市重生正氣。香港是每個香港市民的家園。

2020 年 6 月 30 日香港國安法頒佈實施後，高松傑感受到非法張貼的反中亂港文宣明顯減少，社區清潔的活也就越來越少。跨進 2020 年 10 月，是「青年快閃・社區清潔」守護香港大行動的終極一周，行動整整 60 周，高松傑難捨這幫並肩戰鬥了一年多的義工團隊，於是他思考新的路向。從「修復香港」到「修復人心」，尤其是青年人的心，去關心因參與暴力違法行為而入獄的青年及其他們的家人，這些年青人受黑暴蠱惑，要帶領他們走出歧途。

高松傑透過網絡對義工說，黑衣亂港，社區瘡痍，大行動用愛感召一眾香港市民加入清潔義工行列，希望為家園出一分力，修補香港傷痕。期望以愛止暴，用正能量塞滿社會。大行動一直保持平和理性的清潔文化，在香港最壞、最危險的時間也堅持冒生命危險出來守護香港，執磚頭、清路障、上山下海，幾乎香港每一處地方也留下大家的血汗淚水和愛，歷史將永遠銘記各位義工對香港的貢獻。當大家以後回首往事時，不會因碌碌無能而悔恨，不會為虛度年華而羞恥，大家也可以很驕傲很自豪同自己講：能夠守護香港，保衞家園，我們無負此生。

在香港，高松傑頗有名氣。用他的話說，「上街幾乎個個都認識我，尤其是對方的人」。所謂「對方的人」，通常透過社交軟體各「起底羣」認識高松傑。「修例風波」以來，僅在即時通信軟體「電報」裏就活躍着二十來個這樣的羣，每個羣平均有五、六萬成員。「我做的是正事。他們越是欺負、抹黑我，我越要堅持做。」

在高松傑看來，這就是最讓人感動的「香港精神」，一人出一份力，守護和修復香港這個大家共同的家。

選擇結束生命那一刻，遠方傳來薩克斯吹奏的歌曲《為你鍾情》

2020 年 10 月 4 日，《青年快閃・社區清潔》大行動發起人高松傑宣佈大行動結束。他舉辦義工嘉許論壇，邀請楊明、黑超哥、Man 哥等義工代表參與，向他們贈送頗有意義價值的模型，以示崇高敬意，在香港最黑暗、最危險的時刻，大家冒着生命危險，挺身而出，守護香港，全城每一處都留下大家的足印和血汗。

面對暴力，高松傑選擇青年清潔行動。不過，人生有許多事情是無法選擇的。

那是十多年前的往事。那天，高松傑拖着疲憊的腳步回家。桌上有飯菜，還有一張字條，是妻子寫給他的。字條上說，「活得好辛苦，精神壓力好大。我不能陪你繼續走這一段路，因為覺得壓力很大，兒子亦不希望爸爸是賭徒，所以我選擇離開」。

暗夜如墨。心中作痛。他，心灰意冷，從肉體到靈魂，都像死了一樣。

高松傑是土生土長香港人，他在深水埗區出生，在他小時候父母離了婚，他和弟弟跟隨母親生活，家境貧困，母親要外出工作。年幼時他和弟弟常常生病，很多時他倆兄弟一起入住醫院，母親經常獨自在醫院門前哭泣。他無心向學，中學會考成績竟然是「0」分。上學時並沒有參加任何課外活動，放學後唯一的娛樂，便是與弟弟到公園與街童玩耍。那時住在深水埗區品流比較複雜，所以很多時候都會被欺負和毆打。

他長大後，賺錢慾念強勁，希望改善家裏的生活。他由賣鞋開始，勤奮向上好人緣，很快成為了頂級銷售員，後來又被遊説加入了傳銷行列，賺了不少錢，後因各種問題，下線失敗了、破產了。他沒臉見人，逃避現實，參賭癮大，誤交損友，染上賭博惡習。所有賭博他都參與，如賽馬和足球，且愈來愈沉迷。結婚後也繼續賭博，最後輸掉所有金錢，欠下百多萬卡數。欠債還錢，財務、收數公司頻頻上門，貼大字報、噴油漆，半夜按門鈴滋擾……債主上門追債。他寢食不安之外，家人也被牽連，不斷受滋擾。

他登上天台，心想，在賭海浮沉，人生甚麼都輸光了，妻兒也離開了，選擇就此結束生命。在那一刻，不知道是否天意，遠方傳來色士風（薩克斯）吹奏的歌曲《為你鍾情》，他似乎聽到張國榮哥哥的聲音：「為你鍾情，傾我至誠。請你珍藏，這份情。從未對人，傾訴秘密。一生首次，盡吐心聲。望你應承，給我證明。此際心弦，有共鳴……」

是一種唏噓，有一種想念。

他腦海中出現媽媽的影像，自己一旦結束生命，最痛苦的是媽媽，她供養我長大，自己今天走到這一步，就是自己不努力，誤交損友，妻離子散，是當年不發奮讀書，有貪念而沉迷賭博，才欠下一身債，是人生的要義被顛倒了。那一刻，他清醒了：自己能不能改過，一切從頭開始，善待生命。

再深的夜，也有不眠的窗。

人可以再生嗎？可以。如果一個人按着社會的需要重新塑造自己。那麼，他便成了今天的主角，生活的主角。

他開始走上正途。戒掉賭博，努力工作，夜校進修，修讀企業管理工商管理碩士文憑，參與一些義務工作。他第一次服務對像是一位坐輪椅的叔叔，高松傑説自己很失敗。那叔叔鼓勵他，到來服務已經很有用，他此一言給了我很大信心。取得碩士文憑後，他想到色士風音樂對自己這樣的壞人起了正能量，希望能以音樂的力量，去幫助更多年青人。

是一首歌救回他的生命，他便去學色士風。但最初半年他找不到導師，機緣巧合下，他與啟蒙恩師張志仁相遇。那以後，他一直跟隨張志仁學習色士風。他倆希望能在香港推廣色士風音樂，於是創辦了一家專門教授色士風音樂的學校，2000 年在太子一座唐樓的十樓開了第一家，最多的時候開到四所分校學堂。

音樂學校是高松傑的經濟收入來源。看到一些年輕人酷愛色士風，卻又沒錢付不了學費，2015 年他倆就創辦了

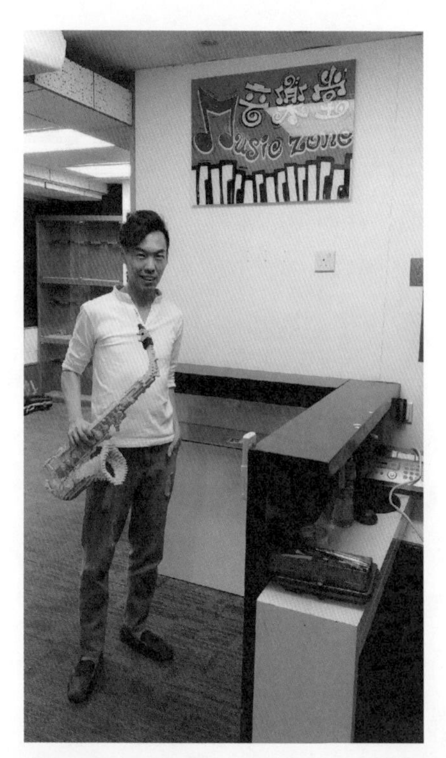

高松傑與「音樂堂」

2019 年音樂義教計劃

「音樂堂慈善基金會」，他出任創會會長、市場及亞洲業務總監，幫助基層的孩子學習音樂，推動香港色士風音樂文化。這項社區服務，他們做了二十年，義務教學，每年最少資助二十位學生免費學音樂，給他們每人爭取了 2,000 元津貼。音樂堂推出「環保節能」教室，支持環境局多項約章活動，成為碳審計・綠色機構、不要鎢絲燈泡約章、室內溫度節能約章、惜食香港約章⋯⋯推行環保節能文化。音樂堂是全港唯一獲香港星級品牌大獎、「香港十大中小企業優質顧客服務」大獎的色士風音樂學校，是全港唯一獲香港資訊及通訊科技獎（HKICTA）2014：最佳生活時尚獎（學習與生活）銀獎的色士風音樂學校。

音樂堂於 2011 年創立義工隊，不時派出學員義工隊到社區義務演出，去老人院，去醫院，用色士風音樂為弱勢社羣、末期病人帶來歡樂，他們會邀請表演學生的家長一同前往，讓他們看到子女如何將所學到的回饋社會。

高松傑被選為中國青年志願者協會理事，又獲得「傑出義工獎」。2020 年 10 月，特區年度勳銜頒授典禮在禮賓府宴會廳舉行，他從林鄭月娥手上接過「行政長官社區服務獎狀」。這些年來積極參與義務工作，將自己的經歷透過社交平台與大家分享，鼓勵年青人，雖面對逆境，但並非絕路。

2020 年 10 月 3 日，晚上 11 點半。中秋節過去兩天了，都說，十五月亮十六圓，都十七了，月依然特別圓。

高松傑剛做完 1 個半小時的《政壇新秀》YouTube 直播節目。他與梁思韻、何志光、肥仔傑一起對談，談到今天香港的年青人。今天，他對年青人說：人生的路非常長，岔路口非常多，你如果走錯了路，必須要想辦法回頭、改正。人生海海，錯了可以重來。

高松傑走在街上，一輪皎潔明亮的圓月，好比一個大銀盆掛在天空上，月兒散發的光芒，明亮動人，讓人戀戀不捨。

星空之美，一股浪漫的情懷悠悠地在空氣中盪漾，人兒沐浴在月光裏，彷彿攀着星星的翅膀，讓思緒在夜空中放牧一樣。談及月亮，人們會想起蘇軾的《水調歌頭》，詞中寫着「人有悲歡離合，月有陰晴圓缺，此事古難全 ......」意思是指月有圓時亦有缺，同樣人有悲傷、歡樂、離別和聚合。或許人間不能盡如人意的事情多得很，聚散無常亦屬等閒，不過在晴朗星空下，觀賞月兒的美態還是人人皆可掌握的活動。

以月亮比喻人間聚散雖帶着點點傷感，在銀色的月光下，往事蹤影迷茫，舊日的夢幻時光忽然湧上心頭，良久不能散去。高松傑想起讀過的那篇台灣星雲大師的《月亮的啟示》。

大師說，有一個小偷，想潛入一戶富有人家的家中行竊，帶着自己的小兒子見習。偷兒對兒子說：「你在門外幫我把風，看到有人來了，就通知我。」偷兒於是大顯身手，正當他準備下手的時候，兒子忽然在門外大叫：「爸爸，有人看到我們了！」偷兒一聽，帶着兒子落荒而逃。奔跑了很遠的一段路，停下來喘息，問兒子道：「剛才誰在看我們呀？」兒子說：「爸爸，是月亮在看我們！」

大師寫道，這則故事說，沒有人知道誰在做壞事，難道天不知、地不知嗎？難道因果和諸佛菩薩不知道嗎？所謂君子「十目所視，十手所指」，誠信然也。月亮，自古以來就為善人、好人、情人、詩人所喜愛。一輪明月掛高空，引來多少文人雅士對月吟唱，所謂「月明星稀，人生幾何？」在人生苦短的感歎中，似乎也隱藏着幾許壯志未酬的愁緒悲懷。

從古至今，大多數人相信月亮和生命現象有關。許多似是而非的說法出沒於民間傳說、宗教、占星術、文學藝術和現代影視傳媒中。月球引潮力是海洋潮汐的主要成因，人體中百分之八十是水分，所以，月亮盈虧也能引起人和許多生物的「生物潮」。月亮象徵着光明、圓滿。高松傑望着圓月。「月到中秋分外明，人生能度幾中秋？」

音樂堂慈善基金會

獲得「傑出義工獎」

2020 年 10 月高松傑獲得特區「行政長官社區服務獎狀」

月亮缺了，又有再圓的時候；月亮暗了，又有再明的時候。可是，人生去了，甚麼時候再來呢？

剛過去的一天，10 月 2 日，週六。這一天是「青年快閃・社區清潔」守護香港大行動的終極一周，行動整整 60 周，超過 420 日。10 月 4 日，大行動會繼續以四人一小隊的快閃方式到港九新界進行最後一次行動，把黑暴的非法塗鴉和文宣徹底清潔，一如以往用身體力行守護香港，為社區修復傷痕。

42 歲高松傑望着圓月，想到 18 歲的兒子。有的時候，思念是一種嚮往，一種饑渴，一種熱情的歎息，一種痛苦的尋覓。

孩子與他政見不同，他依然透過孩子母親送上自己最大關愛。他不想下一代因社會運動而斷送前程，好多家長因政見和孩子鬧翻了。他們今天的偏激行為，是否因家長和孩子之間忽略了溝通？教育制度是否有所缺失？

令高松傑心痛的是，修例風波以來，香港很多年輕人走上街頭涉嫌犯罪而被捕，他們即便面臨粵港澳大灣區等優惠政策，也未必願意回內地工作。在他看來，回歸，更要人心回歸。這是香港年輕人缺乏對祖國的認識，人心回歸不夠，而要爭取人心，就要先從多接觸了解做起。2013 年，他曾在內地參加一項創業創新比賽，親眼見識內地年輕人的高素質、高能力。他雖然是工商管理碩士，但當時也自愧不如。賽後他嘗試在內地開了一家網店，認識的朋友越來越多，生意也越做越順，成功的經驗和朋友的支持令他對祖國愈發有信心。

香港年輕人其實很願意獻出愛心，希望可以透過義工服務，讓他們先接觸，多交朋友，再想自己發展的事。」高松傑曾多次帶領香港年輕人回內地做志願服務，當他們親身體會到內地的發展和變化，很多人都會有所改觀，在此基礎上再重點培訓樹立榜樣，讓年輕人看到普通香港人在內地發展的成功案例，引導他們逐步融入內地。蘋果樹能結出許多香甜的蘋果，但它本卻是由僅僅一顆蘋果裏面的小籽長而來；所以更多的時候我們別看自己多麼渺小，別人多麼偉大，只要自己不要停止長；偉大就會從渺小開始。

看到月亮時，彷彿古人表達的總是對於不完美的遺憾，以及孤獨。夜行思考，彷佛對這種遺憾與孤獨感有幾分理解。鋪散的漫天繁星，以及月缺月滿，終究是襯托人的渺小，然而雖渺小至極，卻時刻經歷護理之恩。人，不過是塵埃中的一粒，卻每當看到月亮盈缺，又會心生缺憾。為何？因為月亮的圓缺，映照出人生的不甚圓滿，有失落，有彷徨，有迷惘，有掙扎。中秋，望月，思想人生的圓缺與完滿，更向着永恆發出心底的呼喚。

從快閃清潔，到快閃唱歌，守護國旗大行動，製作視頻，召開「人間記者會」……

2020 年 10 月 1 日。國慶，中秋，雙節同樂。

上午八時，灣仔。上午十時，柴灣青年廣場。

「高唱國歌，香港加油」快閃活動。自攜國旗，快閃高唱國歌及《我和我的祖國》等歌曲，高呼「祖國生日快樂」、「中國香港加油」、「中秋節快樂」、「雙節快樂」等口號。活動由高松傑發起。疫情下，限聚令，只能四人一組。唱完國歌後隨即散去。

唱歌快閃，是高松傑喜歡玩的一種創意活動，因為年輕人喜歡，於是他也喜歡。

當時在連登、Telegram 上，有討論「起底」和「私了」的投票，投票要毆打高松傑的人很多。他極為不忿：「香港有七百萬人，是港人共同的家，但我們卻不敢站出來。我真的忍不住，這是骨氣，我選擇走出來。」

8 月 3 日，高松傑和朋友們發起守護國旗大行動。他們經常一起發起守護行動，與陳偉文等幾個人一起守護國旗；與歐陽鳳盈、莊守堃等人參與清潔行動。2019 年 11 月 9 日他們舉辦「人間記者會」，因為有很多黃媒歪曲事實、誤導民眾，所以他們想透過記者會告訴市民實情，會上請了被「私了」市民來說出真相。這個記者會辦了之後，全港的連登仔都說要追殺他。

開記者會前，他繼顧忌連登仔會對他「起底」，於是事先就主動辭去音樂堂總監職位，他不想因為自己的「政治立場」而影響音樂堂命運，毀掉二十年的經營。他選擇站出來，表明自己不會向暴力屈服，不會向暴徒低頭。兒子在美國讀書，他現在和六十五歲的母親同住，母親支持他所做的事，不害怕，很樂觀。

高松傑事後才發現，來參與「人間記者會」報道的傳媒人，都被連登仔、黃絲暴徒追殺，他很無奈。那以後，他和義工朋友就自己用手機拍攝，自己製作，將快閃清潔的視頻放上網，講出事實真相，反響特別好。

高松傑信心大增，就開設了網絡視頻節目，取名「高Sir 正能量」，每天晚上七點半發布，每個視頻十到十五分鐘，最長的有二十分鐘，分享對政治和時事的看法。他的語言風格簡潔又富有表現力，風趣幽默。高松傑給自己起的名字叫「小小人物做小事 Jacky」。視頻觀看人數最少的有 2,000 人，那些快閃清潔的視頻，單集觀看人數達七八十萬，一般視頻有八千到三萬點擊量。留言區裏，最常見的評論是「高 sir 有心」、「支持你，加油」、「希望香港越來越好」，甚至有網友養成在留言區和高松傑道早安的習慣。

那天傍晚，高松傑離開鬧市回家。他特意獨自來到維多利亞港灣。很久很久沒有了這樣一種感覺：想把整個的身子整個的靈魂都融進蔚藍的天空。心的海水漫過堤岸，淹沒了時空的概念，卻看見夕陽裏的鳥兒，帶着許許多多的記憶向他展示動人的雙翼。中學的時候，他常唱那首叫《過去的事情不再想》的歌。其實，那時候，並不怎麼懂得歌詞的涵義，一直到後來，真的有了「過去的事情」。

經歷了很多人事與心緒，如果要從這些回憶裏抽取關鍵詞，打開所有感官，出現頻率最高的兩個詞應該是「音樂」與「大海」。他喜歡去聽海，感受音樂的氣息，把一個更自由的自己交還給音樂和大海。

感人的歌聲留給人的記憶是長遠的。無論哪一首激動人心的歌，最初在哪裏聽過，哪裏的情景就會深深地留在記憶裏。環境，天氣，人物，色彩，甚至連聽歌時的感觸，都會烙印在記憶深處，像在記憶裏攝下了聲音的影片一樣。那影片純粹是用聲音繪製的，聲音繪製色彩，聲音繪製形象，聲音繪製感情。只要在甚麼時候再聽到那種歌聲，那聲音的影片便一幕幕放映起來。

漸漸西斜的夕陽，色彩愈發濃艷，港灣對岸的青痕是山巒和高樓。曾經唱過的是強者編寫的歌謠，挽住往昔的美好，揮別纏繞的惆悵。敢於正視自己過去的人，才真正堅強。

高松傑面對維港的海水，清唱一曲。別看是清唱，那也一樣是極富韻味的，那是洗盡鉛華的潔麗，清唱的魅力正在於給了人獨展歌喉的機會，能舒展自己的歌喉，生命也隨之舒展開來，使看似平常的生活多了一層格調。清唱的人大多是孤獨的，不大體驗得到舞台前如雷如雨的叫好和掌聲，其實，自己被自己陶醉也真的是件樂事。惟其如此，自己方可有種無依的感覺，沒有怨尤，沒有傷懷，相反倒能給自己平添一份快樂。

海風直直地往衣領和袖口裏灌，海浪聲在耳畔此起彼伏。在高松傑印象裏，夜海總是充滿神秘感。凌晨時分，奔赴一片暗夜裏的深海，等待一輪孕育中的新日，是難得的體驗。他想起有一首歌所唱的：「總會有一片海，適合我去看看。」他深信，音樂的力量在於帶給人們以共鳴，跨過四十歲的他，會在某一時刻，跨過眼前這片海，到達同一個彼岸。

灰白色的鳥兒，振奮矯健的羽翅，掠過漸濃的暮靄，盤旋漫舞，依戀紅紅的夕陽。回家的路被夕陽染成橘黃，想起那首「青山依舊在，幾度夕陽紅」的歌。高松傑很想告訴同行的路人，下山後的太陽，其實它並沒走遠，明天的這個時候，仍舊會掛在遠方的巔頂，夕陽再紅時，青山依舊在。

高松傑想到，讓更多的人來一起合唱。羣體合唱肯定勝過個人清唱。他想：從「快閃清潔」到「快閃唱歌」，現在的年輕人不是流行快閃唱歌嗎？自發羣聚，而後又快閃消失。

當時香港正準備區議會選舉，社會卻充滿了暴力，導致很多選民被蒙蔽了。高松傑想，可不可以用另一種方式，用歌聲、小朋友和愛，讓大家回憶香港過去是怎樣的。歌聲是沒有界線的，希望這個活動可以感動市民。

唱歌的小朋友，有的是舞蹈老師歐陽鳳盈的學生，有的是高松傑的學生。他們把活動的構想告訴學生和家長，大家都很支持，認為只要在安全的情況下，能為香港發聲是一件很開心的事。活動辦了兩次，去了三個地方，在大埔、屯門和九龍快閃唱了三場。

2019 年 11 月 23 日，香港區議會選舉投票日。高松傑和莊守堃發起「愛是不保留」青年快閃推廣公平選舉活動。他們聯同一眾港青和小朋友，以「快閃」的方式在尖沙咀及屯門，用歌聲推廣公平選舉，向市民派發宣傳單張，宣揚互愛信息和公平選舉精神，呼籲合資格選民記得是日參與區選，去票站投下自己的選票。

他們歌唱《愛是不保留》、《擁抱愛》、《獅子山下》三首歌曲。

高松傑對參與者說，《獅子山下》象徵港人的拚搏精神，今天的香港出了一點問題，但只要大家不氣餒，定必能齊心協力重建家園，「香港過去幾個月被不開心的氛圍籠罩，我們要用歌聲鼓勵市民踴躍去票站投票，選出能建設社區和香港的候選人，以帶領大家走出陰霾、舒展愁眉」。

高松傑和黑超哥一起還創作了一首歌詞《警方努力地耕耘》，原曲《不許你孤單一人》(Howie@Dear Jane 作曲)。高松傑填寫新詞的這首歌在香港流行了，連登者還將這首歌污化改寫，二次創作、三次創作。

高松傑撰寫的歌詞唱道——

我努力去興建，奮力去發展，是你伴我走在前。

你每日也爭戰，勇毅過每天，你為全港家居給予光線。

不管天色多改變，只記昨日誓言，安居守法是靠兩肩。

警方努力地耕耘，每件事做到滿分。心中有勇毅精神，去細味甜苦與甘。

雖街邊黑暗，警方手牽引，立志勇敢抵擋高升氣溫。

警方要護衛好人，哪怕面對多艱辛，要維護社會免去了愁困。

警察是好人，守護了良民，不怕犧牲。

要五十也不變，靠着這法典，讓這地全新天天飛快興建。

不管天天多爭戰，一過已是廿年，堅守這裏在每一天。

警方努力地耕耘，每件事做到滿分。心中有勇毅精神，去細味甜苦與甘。

雖街邊黑暗，警方手牽引，立志勇敢抵擋高升氣溫。

警方要護衛好人，哪怕面對多艱辛，要維護社會免去了愁困。

警察是好人，守護了良民，不管犧牲。

沿途風霜縱下雨都照去，從來不感氣餒。

別再等，別再等，讓我做你忠心的擁躉。

警方努力地耕耘，每件事做到滿分。心中有勇毅精神，去細味甜苦與甘。

雖街邊黑暗，警方手牽引，立志勇敢抵擋高升氣溫。

警方要護衛好人，哪怕面對多艱辛，要維護社會免去了愁困。

警察是好人，守護了良民，不管犧牲。

2020 年 2 月 12 日，高松傑與朋友們又推出另一首歌《武漢加油》，林伯強（亞伯林）作曲詞，高松傑監製，林伯強、高松傑、何志光、空姐牛肉飯 Annie、曾榮輝主唱。面對這次疫情，他們自發做了不少活動，街頭簽名，拍視頻給武漢加油打氣。《武漢加油》在網絡上瘋傳，內地各地媒體紛紛報道。這是香港平民自發做的。有黃絲就嘲諷我們創作的歌詞太過直白簡單，因為我們想給學生聽，尤其是中小學生。還想將歌曲向全港學校推廣，讓他們知道內地同胞經歷了多麼艱難的疫情，喚起學生們的愛國互勉情懷。歌詞裏還教大家戴口罩、勤洗手。

《武漢加油》的歌詞寫道：

肺炎入侵，病人發燒咳嗽。

病毒充滿黑夜，絕望不見白晝。

你的痛苦不需獨自承受。

我們替你分憂，讓你不再淚流。

武漢加油！祝福請你接收！

今天雖然憂愁，明天歡笑樂透。

武漢加油！向你獻上問候！

有難一起同當，我們都是朋友。

口罩戴好，防止病毒滲透。

時刻都要洗手，食物必須熟透。

留在家中，盡量減少外遊。

只要憑着信心，最終勝出戰鬥。

請你不要擔憂，我們手牽着手。

向你伸出援手，説聲武漢加油！

41 的高松傑，多年來一直忙於做義工，守護香港，守護祖國。派口罩，護國旗，快閃清潔，快閃唱歌，製作視頻，召開「人間記者會」……2020 年 2 月 29 日，示威現場，示威者自己設置的路障突然倒下，發出一陣清脆的撞擊聲，混亂中，示威者以為是警方的「槍聲」而嚇到，紛紛做鳥獸狀四散而逃。此事給了高松傑靈感，於是就發起一場「向『嘭』Sir 致敬大挑戰」的活動。

他的義工活動，只是以一個普通香港市民的名義，背後沒有機構，沒有團體。他堅信，唯有自發去做，才最令人感動，令社會感動。高松傑社會兼職很多，香港菁英會副秘書長兼社會民生研究主任、願景基金會副主席、太平山青年商會的會長，香港廣東青年總會常務會董等，但在做清潔行動、快閃唱歌這類事時，是以一個普通市民身份來守護這片屬於自己的土地的。過去二十多年，他始終都是志願者，推廣基層兒童學習、青少年培育、協助殘疾人就業，支援貧困長者……

2019 年 10 月 10 日，北京，中國國際青年交流中心。中國青年志願者協會第五次會員代表大會。會議選舉產生第五屆理事會，高松傑獲選為理事，與來自全國各地近千名青年志願者交流。10 月 1 日，他作為香港赴京觀禮團成員，在北京參加共和國成立七十周年系列活動，國慶日觀禮、觀看盛大的閱兵活動和羣眾遊行，五部委國慶招待會的僑宴，共和國成立七十周年大型成就展……

每次去北京，他總喜歡獨自或者拉一兩個朋友去逛逛街，走入社區體驗民生。用他的話説，「最真實的風景在社區，直接走入社區體驗生活，才能有最深的感受。內地與香港最大的差異就是在社區裏」。

這一天，他走在天安門廣場上。藍天白雲映襯下，廣場中心佈置着「祝福祖國」主題花壇的巨型花籃，廣場兩旁兩條紅色長飄帶造型熠熠生輝，廣場周邊建築掛滿飛揚的紅旗。

以人民英雄紀念碑為起點，在廣場兩側形成雙手相護的圍合形的空間設計：那是一條飄逸的「紅飄帶」。「紅飄帶」上由六塊 LED 大屏幕鑲嵌，顯示慶祝中華人民共和國成立七十周年的喜慶字樣，前來合影的遊人特別多。「紅飄帶」這一概念的提出源自清華大學義工團隊設計者一次次思想碰撞。這支由 43 人組成的設計團隊，平均年齡只有三十多歲。他們研究了黨史、國史，對其梳理後提煉出關鍵字。在這一過程中，已故著名作家魏巍創作於 1987 年的長篇小說《地球的紅飄帶》給設計者義工們留下深刻印象。

「紅飄帶」輕盈、靈動，關鍵問題是如何在現實中把這個長達 180 米、寬 40 米、高 16 米的雕塑做出來。「紅飄帶」的外側為五十六個民族載歌載舞的歡樂場景，體現各民族共慶祖國生日。「紅飄帶」的內側是山水長卷，山水中央的一行鴻雁，象徵着山青水綠的盛世圖景。大氣簡潔的「紅飄帶」景觀雕塑，以大寫意的手法將歷史與人文相融合。這是清華大學義工的大手筆。

廣場每天都迎接着不計其數的外地遊人，它仿佛作為全北京最公開的露天客廳而存在。從早晨的升旗儀式，到傍晚的降旗儀式，每次來都看到，外地人三五成羣，以天安門、紀念碑、紀念堂、大會堂、國家博物館、前門……為背景，攝影留念，或坐在花圃的水泥台階上吃乾點喝水。

廣場上、長安街、王府井，總看到各類義工在忙忙碌碌，為游客提供義務幫扶、義務咨詢、義務講解等志願服務。節日「零垃圾」志願服務活動，慈善義工們在廣場、在長街撿拾垃圾，不時引來過往游客稱讚，不少游客也加入到撿拾行列中去。

高松傑頗為感慨。他今次所見民眾國慶氣氛高漲，每家商戶門口都會懸掛一面國旗。他發現北京的青年人越來越時髦，在街頭他看到他們慶祝國慶的時候，會錄視頻展示國旗，用各種不同的方式展示愛國情懷，但香港很多年輕人就好單一，對祖國的理解還不深，創新思維也不夠，兩地年輕人有必要加強交流。

是晚，高松傑為香港媒體寫下一篇時評：一些香港青年人因為教育問題，或者是不認知歷史的問題，所以會對國家存在偏見，在這裏呼籲香港年輕人，不如思想開放點，回到內地，先不說創業，就業。先回內地來看看感受一下，相信這個感覺和眼界就會不一樣，香港年青人不要做井底之蛙。

高松傑做志願者服務有二十年了，成了香港的代表，推動社會創新服務。

一個執著的人，就是一個勇敢的人。

他說，「粵港澳大灣區發展是最佳的融合。我曾經在內地山區看到當地人真實的生活，也看到國家進步，我認為可以從這些方面做深度交流。我曾組織過一場比賽，24個參賽隊中有 14 隊是在大灣區展開志願者服務的。希望更多的年輕人可以透過志願者服務認識更多的朋友，做更深度的交流」。

身為中國青年志願者協會港澳理事，他說：「除了榮譽外，更有一種使命感，要把過去的經驗和工作用在協會上，力助協會加快中國青年志願者『走出去』的步伐，推動內地與香港、澳門、台灣青年志願服務組織機制化交流。要着力發展粵港澳大灣區志願者服務，大灣區擴闊港人發展、生活空間和志願者訓練，提供了一個讓港青融入內地最合適的跳板。」

那天，我問他：「在香港有沒有打算從政？」

他笑了，頓了頓，對我說：「我做義工很多年了，我知道，義工工作的效果是有限的，我這麼做，憑自己的力量，只能幫到社會中一小部分人。如果我能及時改變政府和社會上一些政策，從制度上推進香港義工工作，無疑能幫助更多人。這是我的心路歷程，最近，我也開始更多的關注政治、謀劃政策。我真的看不慣現在立法會很多議員不為市民做事，只是為反而反，反政府，反內地，反中央。我對自己說，我能不能走出來參選。如果參選輸了，我不後悔，因為我努力了，但要是連參與的勇氣都沒有，我也沒有資格指責別人搞亂香港。不管是當義工，還是參政，我只是小小人物，只是香港這片土地上的一株小草。」

我愛想，每一株小草，都是一種美的感召，都孕育着香港春天的希望。

冼國林：
一段段視頻是愛
這座城市的一次次閃現

冼國林成了「網紅」。不經意間，他種下一份意外驚喜

冼國林成了「網紅」。冼國林是誰？

國藝控股董事會主席冼國林，百變人生，既是金融業老闆，又是武林中人，還是電影出品人。他曾兼職的士司機，從事財務行業多年，見盡人生起起跌跌。2019 年 11 月 27 日下午，相約冼國林。

沙田，石門，安羣街。走進冼國林公司。他辦公室外左側，安置一張單獨辦公桌，端坐着一位健碩而精幹的男士，面對着大辦公室近二十位埋首工作的同事，警惕地目視進入公司的每一個陌生人。碩大的辦公室靜靜的。

冼國林辦公室，印有冼師傅講場的卡通畫

我揣測，那位單獨坐在冼國林辦公室入門外側的是他的貼身保鏢。由於冼國林反港獨反暴力的視頻激怒反對勢力，有人恐嚇他，進進出出留點神。他的粉絲網民都要冼國林保護好自己安全。才開口寒暄兩句，冼國林便感歎說：「在香港，如今一家人能政見一致已經是個福氣了。」

冼國林辦公桌座位的後面，有一個印有冼師傅講場的卡通畫。他說那是他一個朋友送給他的聖誕禮物。「這對我而言是非常有意義的一個禮物。錢可以買到的東西，我自己也可以買到，所以對我而言不重要，我在意的是朋友的心意」。

他提到他家人。我感覺，家裏人也對他的觸動很大。

生活中，對一朵花、一滴水、一片雲的感覺，是透過眼睛來完成的。對一個人、一件事、一段情的感覺，則是透過心靈來完成的。

我問：你夫人支持你的視頻講述的觀點？

他答：有時候跟太太坐在家中的露台，「獨眼」靜靜地望着大海，已經是人生一件很幸福的事了。

武功了得的他，此時有點動情。

他說，做甚麼事，能有家裏人支持很重要、很珍貴。老婆很支持我，8 歲的女兒剛過完生日，女兒說，爸爸你做的肯定是對的，完全站在我這邊。

女兒說他做得對的，指的正是他暴熱的視頻：《冼師傅講場》。

講場第一場是 2019 年 10 月 8 日，到目前 2020 年 2 月 20 日，開講 39 場。看看他講了些甚麼。

2 月 17 日，「冼師傅講場」第 38 集：《司法制度的好與壞取決於法官的質素》。

視頻，他坐在辦公室他的老闆桌前——

他說：最近法庭判決一樁案件很特別，就一名年青人用傘襲擊一名警察，結果法庭判被告罰款 2,000 港元。法庭理據包括三條：第一，雨傘不是攻擊性武器；第二，警察沒受太大傷害；第三，被告只是一時衝動。

他說：我很奇怪，判案法官是主任裁判官，是比較資深裁判官，但理據很「特別」，我想和他分享一下何為攻擊性武器。我引申一個英國的案例，1983 年 R V Simpson 案件，上訴庭判詞說明攻擊性武器定義。第一，設計時已是攻擊性武器，例如刀；第二，經過改裝，例如木棒加上針作為攻擊用途；第三，很特別，大家留意，就是例如鑰匙不是攻擊性武器，但鑰匙放在手指之間向人攻擊，已變成攻擊性武器，甚至漂白水，如果潑向人面，也算是攻擊性武器。

他說，也有判例說明甚麼是機會武器或即時武裝，例如，兩人吵架時，突然取出物件，如壘球棍或雨傘甚至膠桶打對方，該物件已構成攻擊性武器。在 2019 年的暴動期間，很多示威人士都攜帶「兩傘」，一是雨傘用來擋走警察的橡膠子彈，第二大家看很多片段他們用傘打人。一個正常人，夏天天氣好好，幾十人一起帶雨傘是做甚麼？很明顯，他們的意圖就是用雨傘作為攻擊性武器，所以那個裁判官的判詞和我們讀過的法律研究是完全違背的，另外，裁判官又指被告是一時衝動，其實凡是有人預先帶備雨傘，想着作為攻擊性武器使用，也真的使用了，這就是持械傷人，輕微都可以判三年徒刑，現在罰判 2,000 港元，比小販阻街判得還輕。

他說，如果說你被拘留了 100 天，認為傷人的被告由於年輕，判入獄三個月，考慮到被告已拘留 100 天，所以當庭釋放，聽起來還合理，但現在判詞聽起來完全不合理，律政司應該考慮上訴。我在英國讀法律時，教授經常說，一個好的法律，最重要的就是執法者要明白，檢控者要明白，然後最重要的是法官要清晰，因為法官是守最後的防線，如果法官都不夠水平，能力不夠，司法制度再完善也沒用，任何法例都需要有質素的法官去執行。很多人質疑警察在商場執法，那是私人地方還是公眾地方，英國 1965 年有個案例 R V Kane 已經講得很清楚，任何地方，只要是開放給公眾，無論是否收費，例如，商場，肯定是私人的，但商場讓公眾人士可以隨時進入的，警察就能執法。在此和大家澄清一下。

這段視頻4分38秒，播放5天，79622人觀賞，9972點讚，57反對。

再看另一段視頻。2月4日，「冼師傅講場」第36集：《如何應付肺炎及亂港問題？》。

他說，新型肺炎引起社會很大的動盪，在此我給特區政府提個建議，首先政府應該同行政會議宣布香港進入緊急狀態，然後行使《緊急法》，未說《緊急法》之前，我想跟大家說《緊急法》在香港曾經使用過很多次，包括霍亂、狂犬病、治水、暴動，直至1973年石油危機燈火管制，加油只能加一半，即所謂限購。所以如果有一些庸官說不可以限購和限價的話，請這個庸官讀讀歷史。

他說，以下是我的建議：第一，所有口罩或者短缺的醫療用品，當成戰時物資處理，必須要加以管制，例如所有入口商全部要報關之外，還要每星期定期報告銷售情況，以免他們囤積而抬高價格。第二，限價。所有入口價只能加10%，作為一個批發價給零售商，而零售商只能再加10%。這就是限價，任何人違反限價一律嚴重處分，因為炒賣這個戰時物資的罪行在很多國家是死刑或終身監禁，輕的説，走私兩罐奶粉以上，入獄兩年，罰款五十萬港元，以這標準作為最低指標，所有的參與人士包括公司董事、負責人也會個人承受刑責。另外，如果私人郵寄訂購的話，如果超過二十盒就需要申報入口，這樣能瞭解到市面有多少人囤積。每個人外出旅行不可帶超過二十個口罩，這很合理。

他說，至於有人挑戰《緊急法》，稱違反了《基本法》，這是是絕對錯誤的。《基本法》第9章附則第160條，已經説香港特別行政區成立時所有原有的法律有效，除了全國人民代表大會常務委員會説無效之外。即是説，香港現有的法律只有一個機構可以宣告無效，法庭沒有權力申報無效，至於現在打官司説它無效，説有機會違憲違反《基本法》，就任由他們繼續做。我覺得特區政府如果在這個緊急狀態行使《緊急法》，沒有人有膽量質疑你。

他說，除了戰時物資加以管制之外，對一些新成立的所謂的工會有一些非該行業人員（指罷工的醫管局員工陣線等）。第一，他們違反了職工會條例，所有職工會只能夠招攬該行業的人做會員，無端把路人甲做會員，本身已違反職工會條例。第二，如果該組織成立的目的根本不是為職工爭取利益，而是以反政府為原則的話，所有煽動或進行反政府活動，其實已經違反了刑事罪行條例，尤其是煽動已經完全可以拘捕。其實政府可以用《緊急法》宣佈，這是一個非法組織，所有會員要全部解散，否則會成為非法組織成員。

他說，根據《人權法》第 18 條結社的自由，沒錯是可以組織。但一定是不影響國家安全、國家安寧、公共秩序、公共衛生或風化。如果組織煽動罷工，第一，煽動罷工的人有罪；第二，參與罷工的人有罪，無論在公務員條例、刑事罪行條例也好，都是違法的。特區政府可以向他們發出最後通牒，限定一天內復工，不然的話會全部被裁。那些正式的護士和醫生除了被裁以外要多加責罰，就是取消他們的專業資格，因為他們嚴重違反了他們的專業精神和守則。可以考慮引入境外醫護人員，包括英聯邦國家，新加坡、馬來西亞和歐盟國家，中國地區包括澳門、台灣，這樣就可以免受他們的威脅，諸多刁難，不用擔心醫護人員不足。

他說，1967 年，政府引入防止煽動性的言論規則，禁止任何人發放、協助發放和展示煽動性的言論文字，違反的話最高刑法是十年和罰款五萬港元，1967 年 5 萬是很多錢了。這條條例包括：任何人在住所內外，店舖內外展示反動、煽動示威，煽動對抗政府的標語，言行文字都屬於違法，就是說你的店舖門外寫了鼓勵政府醫務人員罷工等也是違法的。

他說，我剛剛提到發放虛假消息是屬於違法的，政府應該立例，任何個別人士或機構或傳媒，如果協助或主動散播煽動性言論，或虛假消息，應該一樣受嚴重懲罰。這條法律沒有清楚寫明可不可以限一個最低的刑罰，建議政府加一個最低刑罰，讓人知道最低都有可能坐三到四個月的監，如果違反上述我所講的新規則，警方有權扣留這些人由原本最高四十八小時要上庭，增加至十五日或一個月，這是合理的。

這段視頻比較長，10 分 11 秒，播放 9 天，160588 人觀賞，16655 點讚，212 反對。

這純粹是他自己出錢攝錄的。這是件很偶然的事。他偶爾會在臉書上寫一些短評和文章，不過，沒有太多人閱讀，只是幾百上千閱讀量。後來他寫了一篇關於香港法官的文章，批評香港司法存在的一些問題，他朋友把文章轉給了堅料網。網編訪問他之後就拍了兩個視頻短片，第一條有 28.2 萬人看，第二條片有 25.6 萬人看。

「春種一粒粟，秋收萬顆籽。」周而復始的欣喜，已不能給農夫帶來多少意外。可是，有時候，只是不經意，你便種下一份意外的驚喜。所謂意外，就是當初你並非抱着乞求回報的功利目的的。你並沒想到會有收穫。所以這種欣喜，並不適用於那些炒股的人；這種驚喜，只適用於那些以真摯的心來對待這個世界的人。

接着，他又有些話想說。朋友就建議他乾脆自己開一個視頻頻道，自己拍片，想說甚麼就說甚麼。

於是，他就在自己辦公室拍，有一個同事幫他剪輯視頻，配字幕。上午九點半拍完，下午三點就可以發出，如果要加英文就會慢一些，再拖一天。短視頻一氣呵成，一般不會重拍，最花時間的是後期製作，找資料片段，配中英文字幕。一般而言，他兩天就可以出一個視頻，但如果視頻出得太密集，觀眾會消化不了。現在有時候幾個星期出一條，有時候一個星期出兩條，主要看當時有沒有發生甚麼事情。他拍攝製作的視頻，透過 Facebook、YouTube、內地的微博，還有內地的朋友轉發，現在 HKG 報也會播放。那麼現在他發一條視頻，不出一個月，在臉書平台上，一集點擊量最高有三十多萬，在 YouTube 上也有十多萬，收穫了至少六十萬粉絲。

只在短短三個月之內能有這麼多人看，他自我很滿足。據分析，看他視頻的，澳門的不少，加拿大、新加坡、馬來西亞，還有粵港澳大灣區的，甚至北京、上海、福建、江蘇，很多關注香港事態的朋友都會追着看。冼國林說的是粵語，給視頻配上字幕，確實有很多人聽不懂粵語，他只是希望有更多的人可以看到，很多國家和地區使用的是簡體中文，因此視頻文字就用了簡體。

連綿不絕而恍如機關槍的語調語速，是他一貫的風格，令他的短片別樹一幟。在香港，很多法律學者在表達的時候總會講解得很深奧，喜歡用高深的、專業的詞彙。看冼國林的視頻，也學法律的他，卻善於深入淺出，喜歡用簡單、淺白的語言，詮釋嚴謹的法律條文。他讀書的時候，教授上課，枯燥、空悶、乏味，他就想，如果換自己來教書，一定不能這樣。「冼師傅講場」視頻一般是五分鐘之內。

他當年做過非全日制教學的講師，教經濟學。內容枯燥，數字長串，學生的缺勤率很高。他常常會引用一些生活中故事，用接地氣的方法表述，詮釋經濟學原理。講市場需求。他說，一男一女，如果你需要她比較多，她就能要求你比較多。看誰對誰的需要比較多，這就是需求關係。透過這種方式，學生就容易明白。他有句名言，「要站在觀眾的角度，聽自己的演講」。他講場視頻的錄製流程也簡單，早上回公司做半小時資料搜集，跟着錄影 15 分鐘，再交給同事剪接，下午便可出街。

我問他：「你怎麼會想到要拍攝這樣的視頻？」

他回答：「不是為名也不是為利，名譽對我來說已完全沒有意義，我也不要紫荊勳章，也不要甚麼政協委員，也不想特別標榜我自己，我一個六十多歲的人，這些虛名對我而言不重要。」

一天，他無聊時，口吟一首打油詩：「能人皆在野，庸官滿朝廷。昏君自得意，百姓苦無言。」可見他對特區現任官員的不滿。有朋友建議他出來做官，讓他出來選議員，甚至還有人開玩笑說讓他去當特首。

他說：「我無意從政，不會去選任何議員。此時此刻對我而言，所有的虛名都不重要，我只是想為這個香港說說我想說的話。我是為香港發聲，我自己花錢錄製，又不收錢。我就是想讓更多人知道，更多人分享就好，香港為甚麼會變成這樣。最開心就是我的視頻在短短一個月就收穫六十萬粉絲，在公眾場合還經常被陌生人認出拉住合影。這是市民對我的觀點的肯定，這是我最高興的事。我在香港電影界和武術界，早就有一定名氣，我不需要透過拍攝這些視頻揚名。」

有人說，他所做的有點像審計，是政府的「民間審計署」。他在視頻中提出諸多政見建議，不久後包括警方在內的政府部門隨之實施，許多網民直指就是採納了他的建議，至少是「不謀而合」，包括：採用公安條例第40條，徵用其他紀律隊員做特別任務警察；休班公務員除伸縮警棍外，應多配備一支胡椒噴霧器；以公眾妨擾罪拘捕阻礙公職人員執行職務、干擾警務人員的人士；警方應以圍捕代替驅趕；建議出封信給所有政府公務員，提醒他們不可以參加反政府活動，所有被捕公務員立即停職……

當港區國安法落地後，回頭看這些政見建議，已不是驚人之語，但往前推半年，便不得不讚賞冼國林觀念的超前。社會上很多變革都是被迫發生的，包括觀念的變革。任何一個事物的變革，巨大的動力在於迫切需要變革的人。

冼國林百變人生：的士司機、金融業老闆、武林中人、電影出品人……

回憶是甚麼？回憶是浸泡在苦水裏的蜜糖。

冼國林出生在一個小販家庭，家住香港西營盤第一街和正街的交界處，家裏經營的就是賣一些靚貨，包括衣服、毛巾之類的。當時一家 7 口人住在一間屋子裏。父親是政府退休的清潔工人。家裏窮，一家 7 口擠在百來呎劏房，上下疊架牀。

不過，那時候窮得也還很愉快，玩「公仔紙」「擲波子」，很滿足，他年齡最小，哥哥姐姐早早打工幹活，他卻有機會上學。一次，他看到媽媽把魚最好的部分留給哥哥姐姐，他在邊上嘁嘴説媽媽偏心。媽媽説，「哥哥姐姐外出工作很辛苦，要讓他們吃好點多吃點，人要學會多為別人着想，要學會感恩，哥哥姐姐甚麼都讓你優先，他們為了這個家，為了讓你上學，工作很累的。」

媽媽那次談話，讓冼國林記住一輩子：學會感恩，多為別人着想。

他六、七歲的時候，幫家裏街邊賣東西，做小販。他做過好幾次小販，10 多歲的時候也做過。他讀中學的時候，憑着小聰明，讀書成績不錯，只是太頑皮，好動，打架，不聽老師講課，老師講的話，他都不放在心裏。他常常會挑釁老師，好挑戰「權威」，常常問老師一些刁鑽問題，把老師問住了，不知如何作答。

他最終被趕出學校。讀書，他感興趣的是中國歷史，對西方教會那些內容就不感興趣。他原本是聖經研究班學習的，後來被踢出研究班。總體而言，他是一個「比較麻煩」的學生。他生性調皮，中學沒有唸好書，卻不怕打架。中五的時候，他會考成績很差，一個 D 兩個 E 。15 歲的時候他試過離家出走，去了九龍城寨，那裏的生活好陰暗，幾天後便無奈而返回家。

冼國林中五畢業考試考得不好，輟學了，只得去幹苦力活，名字還好聽，叫做貨倉管理員，實際上就是做苦力當搬運工。混混噩噩的日子過了好一陣子，沒能讀高中，他知道這樣長期下去一事無成，要想辦法改變，不然這輩子都是這樣了。上帝是公平的，每個人都同樣擁有世界，擁有生命，擁有青春。青春易逝，年華易舊，自己還年輕，要趕上，要改變。這就是青春的秘密。

冼國林開始上夜校重讀中五。考試得了一個 B 兩個 C，相比之前的成績，一個 D 兩個 E，已經進步很多。這個成績已經有資格念大學預科了，過去香港在大學之前要讀兩年大學預科，那時考六科，必須要有三科優良才可以讀。但後來生活困苦，生活無以為繼。那時他就想當律師，但是他當時英語不好，沒有考上大學，就改考中學進了銀行。因為當時中學畢業合格就可以進銀行，做最基層的文員。但是他覺得這樣下去還不行，工餘讀書，還去考了的士牌照。這樣他就白天九點到下午五點在盤谷銀行上班，中午吃飯時候看書，下午五點到凌晨兩點半就做夜更的士司機，凌晨三點到家後再看書兩小時，睡覺三個小時，早上八點起牀又去上班。

他就這樣堅持半夜學習，考取英國特許銀行學會的專業資格證書，能考到這個證書相當於銀行相關專業大學畢業。資格證書考試分兩個階段，第一階段五科，第二階段八科。他沒有錢唸書，就買了本教材自己回來看，當時全香港一次性通過第一部分五科考試的只有四個人，他是其中一個。

那年頭他已經在練武，他七歲時就跟着父親學山東螳螂拳。當時對此興趣不大，學了一年，便沒有繼續再學，後來練太極、洪拳、北少林劈掛拳、散打，直至十七歲，他再次學習詠春，從此迷上，成了他終身興趣。他曾跟隨葉問宗師嫡傳弟子黃紀民師傅（漢忠）習詠春拳。他在銀行工作，有個華員會，去那裏習武練太極很便宜。那時候讀書很累，他週六週日抽時間去練功夫，強壯體魄，精神上也沒感覺那麼累了。2000 年，他開始以私人名義教授各種拳術，2003 年經黃師傅同意下，跟隨葉問宗師的兒子葉準繼續研究詠春，2007 年正式設立民強武術研習社。

他說，「學習詠春的好處很多，對我的人生有正面的影響。第一，習武令體能更好，令外表保持年輕；第二，可以增強自信心，運動是克敵制勝，透過不同比賽，學習武術的人會變得遇強愈強；最後，學習武術也可以學習策略，在武台上，要贏一場比賽，除了要技術外，還要找出對手弱點，然後發動進攻，在商場上，做生意同樣講究策略」。

他說，「師傅劉家良在生的時候，我每年大年初一，帶同太太去師父家斟茶，雖然只是一件很小的事，但這是對長輩的尊重，我的徒弟也一直很尊重我。功夫學得好不好，不是最重要的，重要的是武德，尊師重道，尊敬老人。學者很多年輕人正是缺少了這一點，認為自己比上一代強，你當然要比上一代強，否則社會不會進步，但不能因為自以為比別人強，就看低長輩，沒有他，就沒有今日的你。香港有今日的繁榮，全靠幾代人努力，才有今時今日。暴徒堵路、破壞、縱火，說成為了香港的未來，這是甚麼未來？當你破壞了現在，就已經沒有未來」。

當年，揸的士開車，他休息吃飯時，就要十五分鐘太極來調節自己精氣，也是一種養生。他不覺得辛苦，他就想着能盡快考完特許銀行學會專業資格。在當時，只要能考到這個資格，能從文員馬上升為主任了，對他而言就是新開始，翻開新一頁。天資聰慧的他，兩年半之內，考完十三科，拿到十三張證書。銀行界朋友說，翻查記錄，冼國林是一百五十年之內最快考到這個資格證的人。冼國林的上司經理用了十二年才考到，聽到他才用兩年半就考到，嚇了一跳，感歎稱不可思議。

世上多少輝煌的成就，說穿了其實很簡單：把每一步都認作目標。

冼國林如此努力，如此拼命，事緣他生活中遇到的一件事。

一天晚上，他開的士在禁區上下客，被警察抄牌，他求情很久，還是被抄牌罰款。那意味着一晚上的收入全部泡湯了。

此時，有個警官帶一個警長出來巡邏，抄他牌的那個警員看到警官立馬站直敬禮。冼國林發現那個警官曾是他同班同學。

當時他頗為感慨，看看人家混得多好。他低下頭，都不願正視，對他內心的衝擊太大了。「在學校，我的聰明才智明明比他好，我怎麼會這麼落伍呢？」這是改變他一生的時刻。他後來回想，如果當年不是見了他，給自己一個衝擊，自己不會那麼努力。沒想到，從那時起，他就開始儲蓄一筆千金不換的人生體驗，這種體驗慢慢流溢出的潛值，令他終生取之不盡用之不竭受益無窮。

世上有多少寓必然於偶然的事情，會改變一個人的生活。

當時的不忿無法吞下，冼國林下定決心要考取相等於大學學位的英國特許銀行學會專業試。特許銀行學會專業資格考完之後，冼國林進入大眾財務做主任。兩年之後，他原來的老闆讓他回盤谷銀行。當初他離開盤谷銀行時，是「一人之上萬人之下」，除了勤雜工，他就是最基層的。等他重返盤谷銀行時，卻是「一人之下萬人之上」，他上面只有他的老闆。他想想也樂了。

1996 年冼國林去了永亨銀行，老闆讓他開一個永亨信用財務，做私人貸款之類的業務，行內稱之為「零售銀行業務」。他一上任就部署債務重組，對象就是警務處，因此他和警察很有淵源。他知道警察欠銀行錢是常事，他便主動去找他們，想借幫助警察完成債務重組來打響銀行的招牌。

7 月，老闆替他開張重組財務部門，只給他八十萬港元和半年時間，廣告費都不夠。他找到時任立法會主席黃宏發，冼國林跟他說，現在警察的債務很嚴重，他可以想辦法給他們一年時間來還債。當時沒有人願意貸那麼多款，也不用抵押。冼國林老闆最初有點擔心，冼國林說不用怕，他是做過周密統計的，如果欠二十萬元，分十二個月一年還，他們負擔不了還不完的，他給最長五年的時間來還款，分期長、利息低。他在所有警察局門口都張貼海報，寫着「永亨銀行為警察債務重組」。

可以說香港的債務重組是冼國林倡導的。就這樣，他漸漸在銀行金融界闖蕩出一片天地。

2003 年 SARS 的時候，當時很多行業受打擊，冼國林在永亨信用財務的信譽度比一般銀行要高。他推出一個「涓滴成流——緊急援助計劃」。對當時受影響的行業免費貸款四個月，這四個月內不用還貸款也不用繳利息，四個月後才開始還錢。他還推出創業貸款。他在香港銀行界頗有名聲，能用很少的資金來博利，他不用投廣告費。

孫子兵法裏有一條：因糧於敵，借力打力。這是武術界技擊技法的重要原則。當時業內給了他一個綽號叫「貸神」，稱他是「奇才」。「奇才」往往產生於一個瞬間，奇才不是真理的堆積。相反，奇才的優美之處，常常在於對那些既定的所謂的真理的背叛。奇才不是智慧的綜合，他如同掙脱繩索那樣掙脱着智慧。

免息税務貸款也是他提出的，假設你要交税，他給你免息，但如果你超過交税的款，就會收一個比較高的利息。免息貸款裏有些門道，很巧妙。他給十萬港元，十二月免利息，之後 1% 的手續費，但是如果你逾期還款，就要每月收 2% 的利息。他認為，實際上總有超過半數的人不會準時還款，都會逾期一兩天。所以他增收 1% 的手續費不能抱怨，是合同裏寫明的。1,000 個人中只要有 200 人不按時還錢他就能賺錢。當時，冼國林確實有頗多新思維，想了很多方法，難怪圈裏人都稱他為「貸神」。

後來很多人學他，但一窩蜂擠在一條小道上，也就不會有甚麼生意了，他不久也放棄了。有人問他：「以前在銀行的日子是不是你最光輝的日子？」他笑着回答：「我最光輝的日子還沒到呢。」

是啊，滄海之外還有水，巫山之外還有雲。

那只是人生中的一個片段。之後，他又讀了很多書，他始終堅信讀書很重要。他曾經說過，以前一直不明白，「閉」字的門內，為何用一個「才」字，後來才琢磨出，宅在家，關起門，書讀多了，就有才了。他讀了會計師的專業文憑、工商管理碩士（MBA）。他 MBA 考試成績還算不錯，GPA 是 3.67，八個 A，四個 B。從當年考試一個 D、兩個 E，到 8 個 A、四個 B，他有了滿足感：我就是如果要做，就一定做到最好。

他在銀行九年的業績是九連冠，四十多歲的他對此有點厭倦了。如果這樣做到六十多歲退休，還要做二十年。上面是董事長，所以再做二十多年還是在這個位子就會很悶吶。晨無鳥鳴，不算良晨；夜無好夢，不算良夜。失去意義的生活，連夢都沒有。心靈的空間裏，要留一半清醒，但更要留一半夢。他就決定離開銀行，離開香港，不要這份工了，去倫敦大學念法律。

他擁有了英國倫敦城市大學法律研究文憑、奧克拉荷馬市大學工商管理碩士、英國特許公認會計師公會專業會計深造文憑。讀完法律，他回到香港，那時他家的經濟條件已經不錯了，他想做律師。那天約朋友在灣仔一酒家喝午茶。

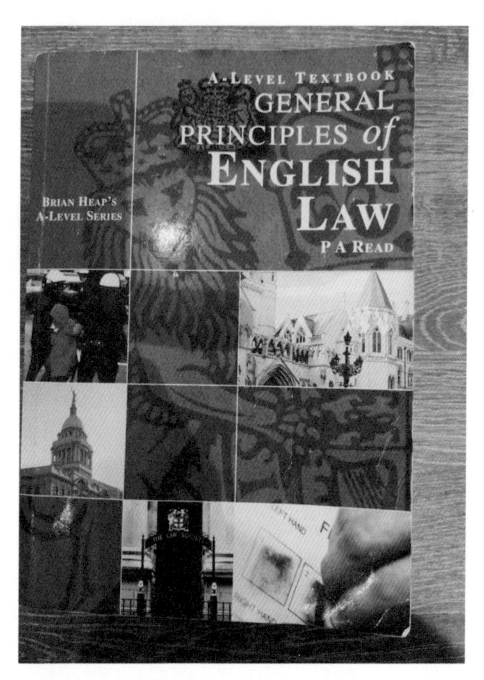

冼國林赴英修讀法律時的課本及筆記

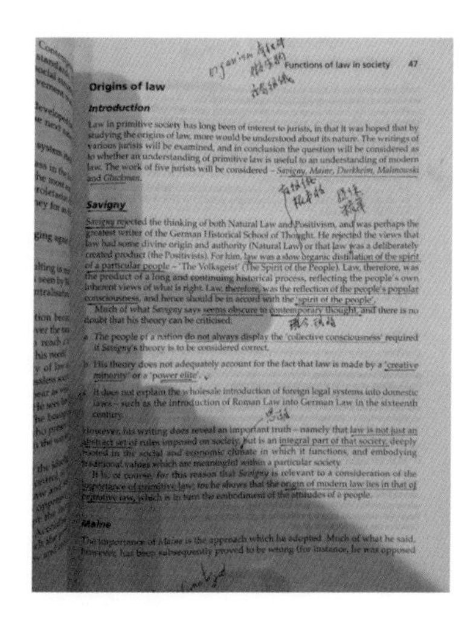

Functions of law in society 47

Origins of law

Introduction

Law in primitive society has long been of interest to jurists, in that it was hoped that by studying the origins of law, more would be understood about its nature. The writings of various jurists will be examined, and in conclusion the question will be considered as to whether an understanding of primitive law is useful to an understanding of modern law. The work of five jurists will be considered – *Savigny, Maine, Durkheim, Malinowski* and *Gluckman*.

Savigny

Savigny rejected the thinking of both Natural Law and Positivism, and was perhaps the greatest writer of the German Historical School of Thought. He rejected the views that law had some divine origin and authority (Natural Law) or that law was a deliberately created product (the Positivists). For him, law was a slow organic distillation of the spirit of a particular people – 'The Volksgeist' (The Spirit of the People). Law, therefore, was the product of a long and continuing historical process, reflecting the people's own inherent views of what is right. Law, therefore, was the reflection of the people's popular consciousness, and hence should be in accord with the 'spirit of the people'.

Much of what Savigny says seems obscure to contemporary thought, and there is no doubt that his theory can be criticised.

a The people of a nation do not always display the 'collective consciousness' required if Savigny's theory is to be considered correct.

b His theory does not adequately account for the fact that law is made by a 'creative minority' or a 'power elite'.

c It does not explain the wholesale introduction of foreign legal systems into domestic laws – such as the introduction of Roman Law into German Law in the sixteenth century.

However, his writing does reveal an important truth – namely that law is not just an abstract set of rules imposed on society, but is an integral part of that society, deeply rooted in the social and economic climate in which it functions, and embodying traditional values which are meaningful within a particular society.

It is, of course, for this reason that *Savigny* is relevant to a consideration of the importance of primitive law; for he shows that the origin of modern law lies in that of primitive law, which is in turn the embodiment of the attitudes of a people.

Maine

The importance of *Maine* is the approach which he adopted. Much of what he said, however, has been subsequently proved to be wrong (for instance, he was opposed

「回來了，找甚麼工作？」朋友問。

「想當律師去幫幫別人。」

「幫別人？」朋友一臉疑惑。

「比如說，有人要是沒錢打官司，我就來幫他。」

那朋友聽了，心裏一愣：又一個被浪漫童話擊中的獵物，不過他說出口的卻是：「你這個想法不現實，你有多少時間，律師接的活不是幾週幾個月能做成的，當律師一年也只能幫十個、八個，幫不了很多人，但如果你錢多了，資金富裕了，就可以幫更多的人。」

冼國林望着那朋友，一時還不是太明白。

朋友繼續說：「你的專長就是做信貸，你應該開財務公司，自己當老闆。孫中山不當醫生去鬧革命才救了更多人，你不做律師做金融也才能幫更多人。」

冼國林喝着茶，望着白瓷杯裏濃濃的烏龍茶，視之良久。他似乎在回味，覺得朋友說的有道理。人，正是一杯自己一生取之不盡用之不竭的沁心香茶，且常飲常新，永不淡色，永不失味。

不久後，在幾個朋友的支持下，他開了第一信用財務公司，沒幾年，他就把財務公司操作上了市。無論投資股票或房地產，他都以長線為主。他做人做事，風格獨特，不會隨波逐流。2004 年，他以 930 萬港元買入碧瑤灣房產

1,500 多呎連天台的單位，它是全碧瑤灣最漂亮的單位，360 度全海景，面向正南。當時其他同類單位平均是 700 至 800 萬港元。他獨具慧眼，雖然貴，但值得，有前景。他斷然買下，三年後以 1,500 多萬港元賣出，大賺一筆。

從英國回來，冼國林做的第二件大事就是拍電影。他是打詠春拳的。他習武三十年，曾學太極、洪拳，後師從葉問之子葉準習詠春。這位香港海關武術隊的總教練，是詠春聯會副會長，地位僅次於葉準。他有兩個師傅，第一個師傅黃紀民一米八的個子，他移民之後，冼國林就跟葉問的徒弟葉準學功夫，葉準不到一米六。兩個師傅很不一樣，但是兩個人都對他說，「冼國林，現在詠春沒有那麼多人學了，甚至中國功夫學的人也少了」。確實，2006 年、2007 年那些年，很多人去學空手道、跆拳道、泰拳。

兩位師傅都問過他，「有沒有甚麼辦法可以推廣詠春？」

他早就想過，可以拍電影來推廣。有一個時期，東方娛樂控股有限公司 (東方電影出品有限公司的前身)，三大股東，冼國林是第二大股東，大股東是他一位朋友，第三大股東是演藝圈名人黃百鳴。公司業務是製作及發行香港及華語電影、電視劇、電影膠卷、沖印、剪輯及字幕等後期製作。他們三個多次研究，公司可以拍攝甚麼拓展業務。

冼國林說拍葉問。他們擔心葉問沒有人認識。冼國林提議可以唱響一個口號，「唯一可以打敗李小龍的人——葉問」，但是他們都不敢投資，擔心李小龍的粉絲不高興，最後沒有採納。不過，冼國林心裏明白：黃飛鴻，實際一生中沒有打拳很多場，但拍他的電影有100多部。還有霍元甲，也都是電影拍紅的。拍出一部成功的葉問電影，可以塑造葉問形象，打出品牌。

在東方娛樂公司之前，冼國林曾就此找過多家電影公司，和他們老闆談，大家都不願意拍，擔心風險太大。「葉問是誰？只有你們學詠春的人才知道」，「連今天佛山的年輕人都不知道」。

當時還有一個小插曲，大導演王家衛想拍《一代宗師》，講述的就是詠春高手葉問及一眾武術家的故事。王家衛說冼國林不應該和他爭，冼國林跟他們說，「王先生說要拍早在1997年，我現在說要拍是2007年，我師父從74歲等到84歲，還好我師父身體好，不然都可能等不到，結果到現在你還沒有開拍，甚麼合同都沒用了，已經過期了。如果你要拍，我可以不拍，同行惡性競爭不好，但是你十年前就說要拍，卻一直不拍不開機，我不能等了。」

2008年，冼國林促成拍攝《葉問》，為該片出品人及動作總顧問，在世界各地掀起詠春功夫熱潮，被香港《亞洲週刊》稱為「重現一度湮沒的武林」。冼國林拍完《葉問1》、《葉問2》、《葉問前傳》，王家衛他們還沒有拍完。《葉問前傳》之後，《一代宗師》才上映，那是2013年。無論誰拍詠春，冼國林都會支持。葉準師傅對他說，「詠春拳，三十年前是李小龍把它推紅，三十年後，是冼國林成功再推廣詠春拳。他說他一直以來都感恩，他出任香港詠春聯會主席。

冼國林拍葉問的理念就是推廣葉問、推廣詠春，他還有計劃拍葉問的電視劇。他自信，如果由他創作拍攝，有兩個優點，故事情節是真實的，詠春功夫是真實的。電視劇的時間跨度長，可以從少年到成年再到老年，講述葉問的一生。當然藝術作品的再創作肯定會有合理的藝術虛構的部分。

他拍《葉問》電影，推出了一個國藝影視城。

這些年來，他在佛山西樵興建了一座全實景建築的影視城，他要將這片土地築成全球最美的影視城。當年《葉問》在浙江橫店影視城取景拍攝，橫店的檔期經常爆滿，管理層還有「店大欺客」的感覺。後來他上網搜尋，發現國內有幾十個影視城，但除了橫店之外，幾乎都不成功，原因是主題單一，譬如某個影視城以包公做主題，你不拍包公戲，就不會去，而橫店卻有一個弱點，就是位於天氣反覆無常的浙江，夏天很熱、冬天很冷。

冼國林在想，能不能在南方建一座多元化的影視城？接近香港，也有助香港電影業發展。在拍攝《葉問》期間，他跟佛山市的高官交了朋友，他們一聽説冼國林的建議，都很樂意協助他圓影視城的夢，最後找到了西樵山這塊佔地 37.4 萬平方米的土地。於是，首個由港人投資興建的內地影視城——西樵山國藝影視城工程啟動了。

這個影視城是冼國林的第一次內地投資，當然不是一帆風順。最初，佛山高層告訴他，鄰近影視城選址的第二條西樵大橋翌年就會建好，誰知拖了五年才落成。其他連接公路就拖得更久，七年後才通行。冼國林的投資虛耗不少利息，債務需要重組而陷入財困。事情發展卻峰迴路轉。

一次，荷里活影星尚格雲頓到影視城拍了一齣電影，他驚歎那裏的場景很美，於是拍下照片放到網上與影迷分享。無心之舉卻引起了荷里活方面注意。未幾，影視城就被著名荷里活製片人 Ryan Kavanaugh 看中，同時還獲得一家亞洲大型金融機構青睞，欲跟冼國林合作，投資將影視城擴大，加入紐約、倫敦、威尼斯等實景，構建世界級特色的中外文化元素交融的影視基地。

經此一役，冼國林頗為感歎：做事絕不能半途而廢，更不能馬虎了事。全世界的影視城都是用布景多，西樵山真用石屎、鋼筋做建築物，真實感強多了。現時中國電影票房在全球排名第二，2020 年 10 月已躍升第一，未來的影視城有極大的發展潛力。西樵山有千幾畝大山，有個 180 畝的湖……

冼國林用自己如電影情節般的奇幻人生表明，努力堅毅，總會成功。做金融財務做出一家上市公司；拍電影，造出一座影視城。他讀法律專業，十多年來看似沒甚麼用，但今天卻用上了，「冼師傅講場」拍視頻，常常從法律的角度剖析香港政治熱門話題。「我讀的書都沒有浪費，都用上了」，對此，冼國林有點興奮。

這種興奮偷不去，奪不走，取不盡，用不完。

都說，回憶於中年人是奢侈，於老年人是補償。當往事成為合訂本的時候，連篇累牘的是紙上煙雲。

冼國林年輕時心中有兩個最偉大的女人，愛是瞬間的永恆

看冼國林的講場視頻，是一種享受。語速快，咬字准，語音抑揚頓挫。不過，細心的觀眾發現，他的左眼似乎有點問題。不錯，左眼是假眼。言下之意，他是個「傷殘人士」。

那是 2018 年 8 月，韓國濟州島。他應邀前往參加香港「殼后」朱李月華的 60 歲生日會。這個女子可非一般人物，人稱「朱太」，出身賭業世家，是香港女首富、知名慈善家，2017 年 1 月以四十八億美元財富排行香港富豪榜第十四位，投資界頂級大姐大，有香港「融資大亨」、「賭廳公主」之稱。

在濟州島，不知怎麼回事，左眼受細菌感染，惡菌蔓延肩頸和脊椎等身體多個部位。入院時已非常危急，細菌擴散到所有關節，發炎指數，一般人平均不超過 15 度，冼國林當時已達 240 度，超標好多倍，情況危急，他旋即返回香港。他全身都感染了，五個專科醫生心臟、脊椎神經、微細菌、腸胃、眼科，一起合診救治。醫生說，如果左眼不切除就會有生命危險，必須切除保命。他太太當時六神無主，他果斷說，那就割了吧，反正不割必死無疑。

割眼後保住性命，但康復之路漫長。他每天痛得全身都動不了，從沒法起牀到可以自己起牀，從坐輪椅到開始起身行走，逐步康復。每天打兩小時抗生素，打了整整三個月，他才逃出鬼門關。治療過程中使用了大量抗生素，醫生都說沒有出現副作用很神奇，通常這麼強的抗生素，肝同腎功能都會受損，但冼國林沒有。這位香港海關武術隊總教練，不煙不酒，在康復中堅持日日練功。

香港海關武術學會委任冼國林為名譽武術顧問

冼國林推廣武術

一次無妄之災，死過翻生。人們都說，入過鬼門關的人，經歷過生死，所以都會特別堅強。

他說，「我不能死，女兒還小，老婆也還嫩，我這樣走了對她們是不負責任的。雖然上天拿走了我一只眼睛，但是讓我活了下來。現在我才 60 多歲，算是個『傷殘老人』，但給了我使命，讓我去做一些事情，我雖然獨眼了，我不會放棄，好多人都對我悲觀，但我心態調節得好快，沒了就沒了，輸了就輸了，要向前看，要接受現實」。

生活不會永遠平靜，人生免不了遭遇災難困境，唯有直面挑戰，而又淡定從容，隨遇而安，陰霾過去，還將是雲淡風輕的日子。

正是他的一段段視頻，觸動了一些人的神經，有人在網絡上一再恐嚇他。他不擔心，不害怕。他說：「不用擔心，我們都不是這些暴力份子的目標，有人罵我，我不回應，就像當年一些人挑戰葉問，葉問不會和他對打的，我現在就相當於網上的葉問，罵我的人是網上無名氏，我當然是不理會他。」

冼國林有三個子女，兩個兒子，19 歲，17 歲；一個女兒，8 歲。他現在成了「網紅」，他最開心的事情就是，女兒問他，「爸爸你怕不怕」。他說，「我不怕」。女兒就會說，「爸爸不怕，我也不怕」，他就覺得很開心。小女兒懂事，每天晚上六點半 TVB 電視台播國歌，她就會跟着一起唱。

3 月 5 日，他錄製完「冼師傅講場」第 43 集《香港電台，反中亂港基地？》。傍晚，在辦公室忙了一個下午雜亂的事，不知為甚麼，冼國林萌生了下樓走走的念頭。步出京瑞廣場大樓，往右信步。黃昏中的散步，沙田城門河。夕陽下，兩岸倒影，水鳥翺翔。有人在河岸垂釣，魚竿的尖端，直直指向對岸的沙角邨。沙田海一帶原是郊野，從上世紀六十年代起陸續填成不少新地。現在的城門河是人工河，於七十年代配合沙田新市鎮發展計劃建成。

忘了是誰演唱的《夢到沙田》，唱到海邊、斜陽、落霞、山嶺，道盡沙田昔日的自然風光。忙忙碌碌的日子總是來不及懷舊，雙手與心靈同時閒下來，一些塵封的往事便恣意冒出。

河畔步行道，一對熱戀中的青年男女牽手迎面走過。

冼國林望着插肩而過的這對年輕人，若有所思。經過一段失敗的婚姻，令他學會怎樣經營一段婚姻。他和夫人相處得很好，大家的興趣接近，不用工作時，他倆就會帶狗狗散步，去遊船河、潛水及唱卡拉 OK。婚姻生活使夫婦雙方都朝對方妥協，包括生活習慣，語言方式，價值觀念，人際關係⋯⋯婚姻生活是夫婦兩人產下的第一個孩子：既像父親，又像母親。好的孩子總是集中了父母雙方的優點，使自己長得比父母雙方都漂亮得多。失敗的婚姻生活卻集中夫婦雙方的缺點，使他們任何一人都覺得，要是自己獨立生活的話比這好得多。

冼國林對我説過：「我覺得要找到一個適合的另一半，最重要是志趣相投及互相敬重，欣賞對方的優點，盡量包容對方的缺點。婚姻的成功，需要雙方都具有寬容和忍耐的心理基因。」他跟太太嚮往簡單平凡的愛情生活，「不一定要大魚大肉、餐餐燭光晚餐，有時候跟太太，坐在家中的露台，靜靜地望住大海，已經是一件很幸福的事。」

冼國林年輕時心中有兩個最偉大的女人，母親是其中一位。母親，人間第一親；母愛，人間第一情。母親 40 多歲生下冼國林，算是高齡產婦。當時家裏窮，沒錢去醫院，母親去的只是一家接生婆開的留產所，由一個陳四姑接生。母親生下他才一天，就去繼續工作了。

冼國林青春期曾一度混跡社會底層，他對貧民、對窮人很熟悉。黑社會大哥怕警察，特別害怕那些便衣警察。他當時就想，黑社會平時那麼厲害都怕警察，那自己將來也要報考警察。他決定好好讀書，將來當警察，專門抓壞人。

讀中學時，不聽老師話的他曾被學校開除，便改去九龍城寨的另一間學校。開學一個星期，一個同班同學用黑社會的腔調、黑社會的語言盤問他，還先動了手。冼國林反擊，竟然一拳把他打倒在地，眼睛都被打出血了。

冼國林撇下那同學，去洗手間。此際，好幾個人上來圍住他，想撕打圍毆。他心裏一愣，心想，這下要挨打了。擾嚷中，紀律委員趕來了，拉開那幫同學，要冼國林去辦公室找楊老師。

他去了楊老師辦公室。楊老師知道了事情經過，輕聲問他：「冼國林，你是不是黑社會？」

冼國林一時不解，搖搖頭，說：「我不是。」

「那你為甚麼打人？不怕被黑社會打嗎？」

冼國林拖長了聲音，語氣卻顯得堅定：「我最討厭的就是被別人欺凌，我不怕惡勢力。」

「那你知不知道你剛才打的人是誰？」

他一臉疑惑，搖搖頭，嚅嚅道：「我不知道。」

「被你打的那個人是我弟弟。」

冼國林心一沉，後背一陣冰涼：這下麻煩了。

楊老師拍了拍他肩，一字一字說，「你不要怕，我不會偏袒我弟弟，是他先打的你，這不應該。但是你以後在學校不要和黑社會來往，如果有人找你麻煩，你就來找我。」

冼國林聽了，默默坐在那兒，心中卻突然升起一種莫名的感動。

事後，冼國林才知道，楊老師丈夫的家屬在九龍城寨是有些勢力的，老師是在保護他，讓他不要進黑社會。

冼國林到現在都很尊敬楊老師。他年輕時多夢時節，心目中有兩位偉大女性，一個是他母親，一個就是這位楊老師。

人從呱呱墜地開始，到化作一縷青煙結束，這中間便被數不清的目光和愛包圍着，父母的慈愛、師長的疼愛、親朋的友愛、伴侶的情愛、子女的敬愛……形形色色的愛交織在一起，每個人便成了愛的主題。

今天楊老師還健在。一次，他見她時跟她說，正是她引導他走出一條新路。但是楊老師都不記得了。她每年帶很多學生，時間長了，她不記得這個小插曲了。但是那對冼國林而言，有很重要的人生意義。

愛是圓的，真正的愛沒有起點也沒有終點。愛是瞬間的永恒。

此時，他倚着城門河堤：河水靜悄悄地流淌，閃動着粼粼的水光。

他愛生他養他的這座城市。他的「冼師傅講場」就是他對這座城市的愛的體現。他容不得暴徒暴力對這座城市的半點玷污。真誠的愛具有這樣偉大的力量，它能給人以高尚的慰藉、道德的力量，使無知的心靈甦醒，使貧瘠的思想充實。

3 月 3 日，第 42 集，《黑暴才是經濟衰退的主要原因》。

2 月 27 日，第 41 集，《期望特首「勿忘初衷」做回一個真真正正「官到無求膽自大」的特首》。

2 月 25 日，第 40 集，《違憲的香港電台》。

2 月 20 日，第 39 集，《抗疫救市——請政府高官及議員帶頭減薪與市民共渡時艱》。

……

他最近特別關注香港電台事件。3 月 5 日，他發佈第 43 集《香港電台，反中亂港基地？》。

香港電台再度成為香港社會輿論聚焦點。香港警務處長鄧炳強再次取信廣播處長梁家榮投訴，批評《頭條新聞》環節「警方訊息」中誤導公眾而引致對警隊失去信心。3 月 4 日，通訊事務管理局公佈，取消本地免費私營電視台必須播放港台節目的規定，合乎民意的這一決定，有輿論稱已經等得太久了。這些日子來，「公營廣播關註組」、香港政研會、「愛國護港 101」紛紛到香港電台廣播大廈及廣播事務管理局集會示威和遞交投訴信，要求改革港台，撤銷《頭條新聞》等取態偏頗和製造社會分化的節目。

港台近年問題連連，由政府公帑支持營運，卻屢屢煽暴的香港電台，既有記者發洩式提問，又有所謂「嬉笑怒罵」節目去抹黑政府及執法部門，甚至直播立法會內的「山寨會議」，成為泛暴派的宣傳平台，這些情況都引起社會側目。「出政府糧反政府」，這句說話已成為社會近年對香港電台的印象。

冼國林認為，根據港台的《香港電台約章》、服務承諾、年度規劃，認為當局應檢討港台定位、推動改革，包括審視港台節目內容作出整頓等。

冼國林說：

——我手上有一份《電台業務守則——節目標準》，是通訊事務局發給持牌的電台，它有一個標準是關於節目製作的，持牌人應該、確保以負責任的手法播放節目，避免在無需要的情況之下引起觀眾反感。第 7 條不能以低俗的手法加入節目內容，第 7A 都寫得很清楚，不要用低劣品味的材料，B 也都寫到不應該以羣體、民族、國籍做出一些侮辱、污衊的節目。第 42 條的 E 也都講得很清楚，傳達的信息必須準確，不得隱瞞重要事實誤導聽眾。

——另外一段很重要，節目主持人不應該有利益角色衝突，在主持人有角色衝突的時候，很多觀眾打電話上去，如果他的意見跟主持人不相同、不符合，就被人掛斷或者甚至不撥入，這些情況屢見不鮮，角色衝突是一個很嚴重的問題，在我眼裏沒有藍黃之分，只有正對，就以藍黃為例，很多節目主持人都是屬於黃絲，你可以看到他社交網站上所發表的文章，甚至有些節目主持人說「黑警死全家」，這些有立場的節目主持人，私人的電台也要避免利益衝突。為甚麼政府部門不需要呢？新聞部製作的高層包括助理處長，我們是否要審查他們的政治取向？

——如果他們偏向一方，他們的目的可以持平嗎？廣播處長說要持平、商務及經濟發展局長說要持平，為甚麼頭條新聞的人全部也都有政治取向，特別為何要用王喜和王宗堯，這兩個著名反政府，甚至要求香港獨立的藝人來做？如果你這樣說持平，沒有人會信的，如果真是持平的話，是不是都應該避嫌？

——談到香港電台約章，就要講清楚 B 段第四條，公眾目的與使命，無論它的名字是公眾媒體或是甚麼也好，它一定是要有目的和使命，就是要增加市民對「一國兩制」實施情況的認識，培養市民對公民及國民身份的認同感。

——這是香港電台的 2019 至 2020 年度計劃，它第一段 A 說讓市民認同公民身分及促進公民社會發展，這是約章裏所説的，要促進「一國兩制」的認識和國民身份的認同。他續説：「説回目的與使命，有一些高官説不是只單單看 4 (A) / (B)，應該要看完再理解整篇，我就又把整篇看了一次，第 12 節：處長應就以下事宜向局長負責，在 (C) 當中講明，檢討自己的工作之餘，要求達到上文第 4、第 5 段所講的，公眾目的及履行有關使命，就是香港市民公民及國民身份的認同，以及對「一國兩制」的正確認識，在第 12 段 (C) 都重複講過了，就是説在做任何事或者是任何的節目內容時，都要朝着這個目的與使命。

——再看一看關於顧問委員會，在 E13 段 (F) 中講到，顧問委員會應向港台提出意見，就香港電台如何達至公眾目的及履行其使命的事宜作出研究，就是説顧問委員會都要監察港台所製作的節目，是要符合第 4 段當中所講的，公民及國民身份的認同，及是否「一國兩制」的正確認知，簡單來説，就是你在裏面所作的任何節目，都要根據這個目的與使命，所以不僅僅只是第一段所講的持平等，全部都一樣。

——一份審計署審計報告，是關於香港電台的，香港電台的全職人員，是 869 人，其中 676 是全職公務人員，417 個兼職合約人員，全職合約人員最長合約期是 18 年。再看架構，有一個處長、兩個副處長，兩個助理處長以及

3 個總監，首長即廣播處處長屬於 D6 級，與海關關長、入境處處長及懲教處長同級。就以海關、消防及懲教這幾個部門為例，這麼大的部門有 6,000 到 7,000 人，都只有一個處長、一個副處長，四至五個助理處長，究竟廣播處和電台有多大的責任，比起這些更重要的部門，還要多出這麼多處長級人員？這個部門是不是臃腫呢？是不是不需要這麼多副處長呢？

——還有離譜的，900 人之中有 540 人是 80 萬年薪以上，港台為甚麼要這麼多高級人士呢？因為好多導演都是高級人員，既然有這麼多外判節目，究竟有沒有需要這麼多人員呢？另外，全港政府部門採購，必須要按採購程序，香港電台的外購節目有幾個供應商？竟然是單一供應商，十幾年都這樣。審計處處長對此作出評論，廉政公署都覺得有問題，但香港電台卻稱沒問題，依然堅持這麼做，審計處就認為這個採購程序必須要檢討，審計處長也很不客氣地說，在第 5 點的 (D) 段中講到，在社區廣播的公眾認知度，只有 3.3 及 2.8 的認知，但你要解釋每年花費十幾億港元，還沒計添置器材、地價及地租等，究竟是否值得，自有公論。

——港台經常只找一間公司作評估，說自己的節目受歡迎指數排名是十名之內。十多年來，這個評估機構是同一家。審評署也指出這些評估信息，沒有計算觀眾的人數在內，這樣是無法如實反映的。講到觀眾人數，香港電台電視的收視率平均不到 1 點，是 0.1 點，即 6,400 人。試問，花這麼多錢給 6,000 多人看，政府是否富裕到可以如此亂花錢呢？教育電視沒人收看，香港電台要檢討還需不需要把這麼多資源花去教育電視呢？

——基本要做的，但香港電台沒有做，第 16 點，港台每年要向顧問委員會提交週年報告，審計處長留意到港台沒有提供任何服務表現的評估報告，包括按表現目標衡量的實際服務表現，是不符合約章內的 4.72 段的，港台根本當顧問委員會是廢的，究竟邱騰華有沒有三個月開一次會？請拿出會議記錄來。我為了了解香港電台，找了一天看了八個小時，節目內容簡直是垃圾，所以審計署長不是無的放矢。節目重複又重複，為了撐時間，娛樂無窮、體壇追蹤對着鏡頭定鏡停 20、30 分鐘，這就充當了一個節目，篤數。31 台主要播外購劇集，32 台對着立法會，又是一個節目，每年提供好多個鐘頭的節目，但這是些甚麼節目呢？

——香港電台佔用這麼多資源，另外他佔用現時的地址，是沒有計算進去的，如果再計算上租金、地租，是不止這個數的，現在還要求增加 2,500 萬港元，上次要求增加 500 萬作為特別撥款，不然做不到持平，這話講得簡直是垃圾，沒有 500 萬你做不了持平的嗎？有沒有 500 萬你都應該做到持平，這個顧問委員會根本就要解散，香港電台存在是為了市民服務，很多為了支持香港電台而去播「獨」的人士說，香港電台是服務大眾，那服務甚麼呢？邱騰華局長說港台是持平的，就說前年城市論壇回歸的時候，論壇的主題是甚麼？大致上是：「回歸了二十年，騙足了二十年，習主席是說謊」，那這些是偏頗嗎？

——港台是不是成了反中亂港的基地？如果港台不能堅持「一國兩制」以及國民身份的認同，即「我是中國人」的話，它的存在價值就是零，那我們要考慮：第一，關閉這個港台，省下 10 幾億，全部解散。第二，重組港台，要物色一位強硬的官員去重組，如果同私營媒體重複的節目，全部不要，做回一個正式官方的電台，傳播政府訊息，做一些節目宣揚「一國兩制」以及國民身份認同。第三，將它私有化，然後賣掉，如果賣不了那就只有一個選擇，就是將港台關閉。特首，每年納稅人花了 10 多個億，有這麼多爭執，究竟值不值得再留住它呢？

……

小疑則小進，大疑則大進。洗國林一聲聲大疑問。熱愛香港的人們，似乎置身在一個掛滿問號的世界裏，等待解答。冼國林說，人生的樂趣也正是在摘除這一個個問號的過程中。

一段段視頻，是冼國林對這座城市之愛的一次次閃現。真摯而崇高的愛，能派生出如此的力量和膽識，使人在密集的火力網下，能自如地行動，如入無人之境。愛，需要藝術；愛，需要才能；愛，需要勇敢。

何君堯：
遭遇暴徒蓄意刺殺愈發
激勵蹈鋒飲血

他和同事站在反暴力最前面，
香港不是輸出暴力的城市

2019 年 11 月 7 日傍晚。香港屯門醫院，D 座四樓。多重警衛崗哨佈防，何君堯的幾位親友坐在病房門外兩排椅子上。我和同事手捧大水果籃趨前，我心裏卻浮現一絲陰影：警衛會不會懷疑果盒下隱藏匕首，我是又一個刺客？好在有吳兄，他步出病房，熱情領引我們走進病房探視何君堯。他是何君堯立法會議員辦事處總監，和我相識。

這一天是何君堯遇刺的翌日。

病房走道、窗台、牀沿，擺滿了鮮花、水果，慰問卡，洋溢着溫馨氛圍。何君堯的精神不錯，病牀餐桌板上放有一大疊文件，看來他在療傷時還不忘工作。說到粉絲的慰問，何君堯順手從窗台上拿過一幅畫，他說特別喜愛這幅畫。是內地不相識的一位女孩，6 日那天從網絡上獲知他被刺傷，含着淚通宵創作了這幅畫，傳送給香港的朋友，託這位朋友列印，於 7 日一早送到醫院，送到何君堯手上，這令何君堯特別感動。還有一位香港粉絲，送來一件天蠶衣給他，說穿上它，鋒利的刀刃不容易插進肉體。

他和她們並不相識，不相識的愛，也是圓的，沒有起點，也沒有終點。愛的世界，就是一個富有的世界。

11 月 6 日，何君堯為 11 月 24 日區議會選舉在屯門湖翠路擺街站，向選民拉票。何君堯出選區議會屯門樂翠區，同區參選人還有兩位泛民候選人。

何君堯最初見到兇手時，兇手在對面馬路和他打招呼，何君堯也向他揮揮手，還示意要他小心看車輛過馬路。他頭戴黑白色塊間隔的鴨舌帽，鴨舌擰在腦瓜後，獨自「直愣愣過了馬路」，之後走去右邊。何君堯的義工事後說，曾見過他幾次，只是他常常顯得「神神叨叨」的，有一股說不明白的感覺。何君堯說：「十幾分鐘後他走回來，手裏多了一束黃色鮮花，像其他那些粉絲一樣，微笑着對我說：一直好支持你啊！接着想和我合影，他從土黃色挎包裏像是掏手機要拍照，瞬間掏出的卻是一柄長長深色的利刀，於是就發生了襲擊的一幕。」

此時是早上 8 點 44 分。

當時，何君堯心口位置中刀，血流如柱。他身邊兩個私人保鏢、便衣警和同事義工，旋即衝上去將兇手壓倒在地，兇手帽子掉了，露出大半個光頭，歇斯底里狂叫「殺死何君堯」。據警方事後調查，疑兇在事發前曾多次到現場觀察環境。

據悉，「7.21 事件」後，何君堯多番遭遇不測。所謂「7.21 事件」，即 7 月 21 日，元朗發生黑白打鬥，一批白衣人士在元朗西鐵站襲擊黑衣人報復。網上流傳一短視頻，何君堯在元朗街上，與幾個白衣人握手，讚對方是「英雄」，由此被指是鼓動白衣人打人的幕後指揮者。翌日淩晨，何君堯在其社交網站專頁發聲明，否認與白衣人毆打事件有任何關係，當時只是晚飯後經過，平時相識不相識的路人走過，常常會打個招呼握握手，「自己對法治精神無可置疑，不認同以暴易暴、違法達義」。2019 年黑暴風波源於 6 月中旬，社會秩序飽受衝擊，何君堯率先舉辦了一場 6 月 30 日撐警活動，繼而再支持 7 月 20 日的第二場民間撐警活動，廣獲市民點讚。

這「7.21 事件」後，他的荃灣荃豐中心的辦事處、天水圍天華邨和屯門美樂花園辦公室多次被砸；他父母的祖墳被毀；母校皇仁書院師生發起聯署譴責他；作為馬主，其名下賽駒出賽引來網民杯葛；他多次收到死亡恐嚇，有人揚言出 450 萬港元的高價取他性命……他加強了防範，警方已派警員保護他，他自己也聘請了私人保鏢。

這把利刃長 33 釐米、刀鋒長 20 釐米。

這是區議會選舉黑色的一天。這不是一般的傷人案，是蓄意謀殺。人們震驚之餘，都在問：誰最想殺死何君堯？

兇手董栢輝，街坊叫他阿輝，30 歲，家中獨子，曾就讀荃灣公立何傳耀紀念中學，畢業至今無業，他舊同學指此人在學校時就顯得「性情古怪」。在警署錄口供時，他自稱「詩人」，與父母同住葵芳邨，中學畢業後一直無正式工作，主要靠父母供養。他有時打散工，但家人不知道他從事的工作。在家人和鄰居眼中，阿輝沉迷上網，有時言行表現古怪，但並沒有向精神科醫生求診的紀錄。

董栢輝曾在 7 月和 10 月參加過反修例集會和遊行，但警方並無拘捕他的記錄。他曾用不同網名活躍於高登討論區，以「章魚東」、「南極企鵝」、「高海千歌」、「反抗逃犯條例」等名開賬戶發帖，被網民揶揄其言論邏輯混亂，立場飄忽，「忽左忽右」。面對不少網民辱罵，或許他為證明自己是「黃絲」而執意犯案。警方調查發現，疑兇在案發前特意由葵芳到屯門現場踩線，作好行刺計劃。

最初，何君堯不覺得胸口劇痛。他說：「原以為是皮外傷，去醫院時我還堅持步行。他刺我的時候，我向後退了一下，然後抓住他的刀。如果當時我反應慢一點，或者我沒有向後退一步，利刃很可能就穿過我心臟了。事後看醫療報告，才知道傷口位於心臟位置，闊度有 2 釐米，深度原來有 2.5 釐米深，幸好刀鋒撞在胸骨上，才沒有刺穿心臟，算是不幸中的大幸了。不過受傷首天，傷口有點發炎，醫生也擔心瘀血影響內臟器官，因此醫院方安排盡快做手術。」

何君堯對我說，「我們站在反暴力最前面，直接面對危險處境，不是我們無視暴力，我的同事在止暴制亂方面都傾盡全力。中共十九屆四中全會公報有很大篇幅講香港的未來應該怎麼做，必須要依法治港。我認為，執法和司法方面一定要加強。我們不能這樣，2014 年以來，雖抓捕了 1000 人，但一年只是依法處理 70 幾個人，四年只處理 280 多人。這次已經抓捕超過 3000 人（此是當時數據，2020 年 3 月的數據是 7800 人），很大一部分是學生，是年輕人，這說明香港的教育出了嚴重問題。執法要嚴格，司法工作要抓緊迅速，教育方面要治本，不能再忽視學校的

何君堯父母墳墓被毀

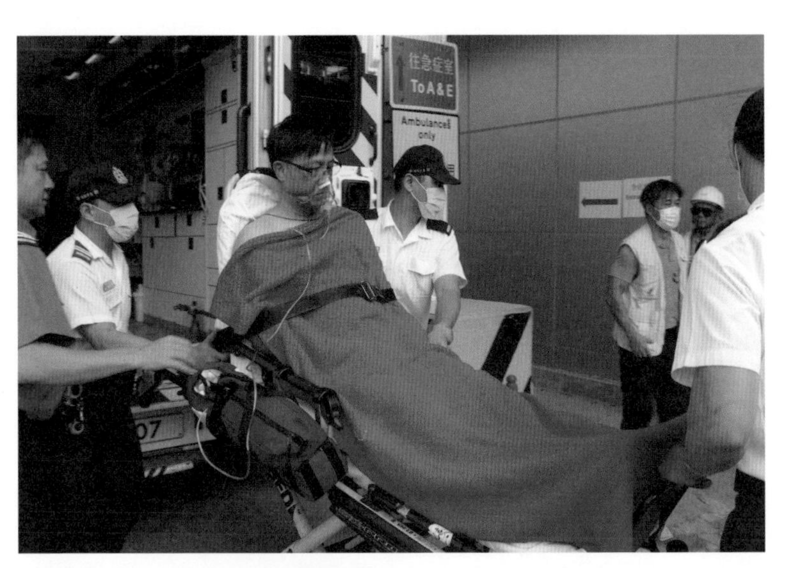

2019 年 11 月 6 日何君堯受刺傷送院。

老師問題。」

說着說着，何君堯停頓了一下，稍稍喘了一口氣，繼續說：「過去 21 年裏，每年香港有 6 萬個嬰兒出世，到現在就是有 130 幾萬年輕人，11 至 22 歲的有 60 幾萬人。這個數字裏，假如有 10% 的年輕人是激進的，有 20% 的年輕人支持他們的，有 70% 的年輕人是同情他們的，這就能把整個香港社會推向深淵。「所以，立法會議員應該在立法方面把好關，現在出現的問題就應該立刻糾正。我會爭取早日康復，和大家一起，為香港、為中國，將我們正義的聲音和正能量體現出來。香港不是一個輸出暴力的城市。」

何君堯躺在病牀上，說着說着，顯得有點激動。這正是一種被苦難升華了的境界。在牀邊上的吳兄問他，要不要喝口水。他點了點頭。

喝了水，何君堯接着說，「我和我的團隊，我們建設力量是不會被嚇怕、不會屈服的。現時，越來越多香港人站出來了，深信只要我們同心同德，一定可以在祖國支持下，使香港止暴制亂，回復安寧。7 月 21 日之後，我收到超過 40 幾次人身生命威脅，家庭的困擾，事業的困擾。」

就因為他被視為反港獨鬥士，他被英國安格利亞魯斯金大學撤銷名譽博士學位，他作為香港賽馬會馬主，其名下的「天祿」在馬場出戰前遭網民威脅而被迫取消賽事……

剛進病房的第一天，他平躺着，望着白色天花板，他覺得好像有一股無形的力量正在折磨他、炙烤他、鍛造他。他明白，人生道路原本就是充滿了挑戰的，如今感受到人生正道是滄桑。

吳兄對我說，有媒體報道說何君堯有特權，插隊做手術。何君堯到醫院的時候已經跟醫生說過，一定要一視同仁，排隊候醫。醫生根據病情的輕重緩急，先安排他全身麻醉，提前手術，消炎、縫補傷口。對他遇刺，社會上流言陣陣，流言總是帶有陰沉之氣，說此次遇害是何君堯自己精心設計的，是苦肉計。

在邊上的何君堯聽了，一臉不忿而轉為慍怒，說：「如果是自導自演，那應該安排行兇者當場逃跑的，不可能留在現場。我又不是陳水扁。香港是守法的地方，參與任何選舉一定要光光明明。」

探訪 45 分鐘。何君堯強調，現在首要的，是絕不能讓暴力份子及支持暴力份子的政黨及人士，以這種不公平的手法奪得議席，希望 11 月 24 日的區議會選舉，無論大家的政治取向是甚麼，都要向暴力說不，這已經是一場是與非，正與邪的鬥爭。

涉案疑兇董栢輝被控一項「企圖謀殺罪」，11 月 8 日在粉嶺裁判法院提堂。裁判官應控方要求押後案件至 2020 年 2 月 3 日，以待一系列調查，期間不得保釋。控方稱案件押後期間，警方將作指紋、基因鑑證，檢查屬於董的兩部電腦、一部平板電腦及手機，索取傷勢報告等。

我好友、香港著名大律師馬恩國事後跟我談及此事。他說，根據現場視頻情況，兇手涉嫌犯下香港《侵害人身罪條例》中的「企圖謀殺罪」，最高可處終身監禁。馬恩國稱，兇手在案中顯示「罔顧後果」的特性，可以用比「嚴重傷害」更嚴重的「意圖謀殺」起訴。「罔顧後果」是指人可預見或應合理預見的傷害性後果，但此人仍決定繼續該行動及對後果不關心或有意識不予理會。只要是「意圖謀殺」，均屬犯可循公訴程序審訊的罪行，可處終身監禁。馬恩國說，因為在結果上並無人死亡，所以兇手很難被判定「故意殺人」。不過，馬恩國認為，在香港「意圖殺人」和其他刑事案件在是否允許保釋上的考慮一致，法庭會考慮犯案人有無保釋要求、檢控方的意見、犯案人棄保潛逃和保釋後是否還犯案的可能性，期間存在太多不確定因素。

11 月 8 日下午，何君堯坐在輪椅上，由友人推出病房而出院回家，邊上則有多名警員戒備。他微笑着，舉起「OK」手勢。遭遇暴徒襲擊刺傷的他表示，無所畏懼而會繼續設街站拉票。他指傷口傷疤是 L 型，形容是「愛的記號」。

愛是瞬間的永恆。

何君堯微笑着。笑對每一個今天，悄然著一份風輕雲淡，在漸次展開的生命畫卷中，收穫的是生命的厚重與平凡。

一個生於巴西貧農家庭的 12 歲擦鞋童的啟迪：向窮困者伸出援手

何君堯坐着輪椅，從醫院回到家。

都說，家是一個可以遮風避雨的地方，家是人生旅途歇息的驛站，人生是漂泊在大海裏的一隻航船，家就是最安全的港灣。

他與妻子 Cecilia 育有三個孩子，大兒子 Conrad、二女 Charlotte 及小兒子 Christopher，最小的 26 歲，最大的 29 歲。八年前就聽他「樂敘天倫」，「一家五口兩隻狗」，那秋田犬 Charlie 和唐狗 Chan-Chan，是他家庭成員之一，他每次回到家，Charlie 和 Chan-Chan 就用它們慣有的方式，給他一個大大的擁抱。何君堯說，它的笑容總給人帶來快樂，有時他會與 Charlie 一起跳舞，上演一幕

「與狗共舞」。家庭成員都以C字母開首，他們自稱「C系列」。

何君堯是新界屯門良田村人，自稱「良民」。早在2001年，他編寫的《良田簡錄》出版，記載家族和良田村的歷史。依何氏族譜推斷，居於新界屯門舊良田村的何姓人，正是何三辛的後人。何三辛生於1801年，育有五子，第四子何壬秀於1861年生下兒子何錦合（阿合），阿合就是舊良田村何姓人的太公。由太公阿合開始，家族已傳至第六代，分別居住在屯門重建的良田村與英國雅息士郡南端近海一帶。鄉村是現實無法取締的原始家園，穿着草鞋的鄉村，説着方言的鄉村，是人類信仰中的家長。

他編寫族譜，他撰寫良田。童年似一杯濃濃的咖啡，暖到心窩；童年似一杯淡淡的茶，讓人回味。一個人的童年，如果在鄉下待過一段日子，那麼長大後，他有可能成為一位詩人。至少，他性格中會潛伏着詩人的素質。他知道甚麼是真正的天空、本色的土地，並且為天地之間保持這原始狀態的景物而感動，這些恰恰是教科書裏所缺乏的。山巒、河流、陽光、雲彩、田野，本身就足以構成一本書的內容，一本以大自然命名的、最古老的大百科全書。

多次聽何君堯講過一個故事。重複講一個故事，表明他喜歡這個故事。

一個生於巴西貧農家庭的12歲小男孩，每天放學後都和兩個小夥伴在街上擦鞋，賺取微薄收入，買食物果腹。某天，一家洗染店的老闆路過，三名小男孩圍了過去。老闆看着三名孩子渴求的目光，掏出兩枚硬幣說：「誰最缺錢，我的鞋子就讓他擦，支付他兩元。」那時擦一雙皮鞋頂多20分，這10倍價錢令三雙小眼睛發光。

「我從早上到現在還沒吃過東西，如果再沒錢買吃的，我可能會餓死。」第一名小夥伴說。「我家裏已經斷糧三天，媽媽又生病，我得給家人買吃的回去……」另一名小夥伴說。

第三個男孩看了看老闆手裏的兩元錢，頓了頓說：「老闆，我中午吃了點花生，有力氣擦鞋。您讓我擦吧，我一定讓您的皮鞋發亮。他們是我最好的朋友，比我更需要這兩元，若真的掙到這兩元，我會分給他們一人一元。」

老闆讓男孩掙了這兩元，還讓他每天放學後到他的洗染店當學徒工，掙的錢比擦鞋多了不少。男孩知道，因為自己向更貧困的人伸出援手，才有改變命運的機會。從此他只要有能力，都會去幫助那些生活比自己困難的人。他其後輟學打工，21歲加入工會，45歲創立勞工黨。2002年，他提出「讓這個國家所有人，一日三餐都有飯吃」的競選綱領，贏得了選民的支持，當選總統，並連任至

2010 年。

他就是巴西前總統盧拉。這是擦鞋童的啟迪，何君堯認同他的人生觀，要向窮困者伸出援手，才有改變命運的機會。

何君堯生於香港新界西屯門，雖家境不算富裕，但童年不用挨餓，也不用輟學打工，憑藉父輩的支持和自己努力，一家的生活日漸改善。他一直沒有忘記回饋社會，幫助比自己不幸的人。

他參與香港律師會的義務工作，曾出任香港律師會會長，曾擔任仁愛堂董事局主席。他糾正政策，令天水圍告別悲情；他主導下，將「門戶城市」東涌發展為「快速時裝區」；他挖掘基建交匯的葵青區潛力，為區內居民解憂排難；他謀劃新舊共融社區荃灣發展，一項一項攻克居民關心的課題；他義助海翠花園業主撤管理公司；義助映灣園取回港鐵公司管理費；義助紫田村誓報家園而爭取合理賠償……

2020 年春天，新冠肺炎肆虐，我幾乎每天晚上都會戴着口罩，在寓所樓下的荃灣海濱花園的藍巴勒海峽的沿海長堤走走。那裏正在推進一項工程，被視為「黃金大道」的單車徑，由荃灣起始，以屯門作終點，海岸線 20 多公里，一路上汀九橋、青馬大橋、古老村落、宜人沙灘、深井燒鵝、三聖村海鮮……

我後來才知道，這一工程就是何君堯耗時十年向政府提倡開闢的。何君堯是「單車（自行車）發燒友」，參與和推廣單車運動。香港回歸那年，他擔任仁愛堂董事局主席，與多個年輕人一同參與「活力長征」慈善單車四川之旅，以單車為仁愛堂籌款。

香港有個「匯蝶公義律師計劃」，向大眾提供社會公益法律服務。那是 2011 年 4 月，何君堯作為何君柱律師樓合夥人，發起的律師公益項目，組成非牟利的匯蝶公益有限公司，由他和他的律師樓成員一起，向民眾提供社會公益法律服務，在屯門設了辦事處。

市民都有各自的權利與義務，法律保障他們爭取合理待遇的權利。不過，大多數市民，特別是草根一羣，對自己的權利並不清楚，總認為找律師打官司需要耗巨資，一宗官司動輒幾十萬港元，不是一般人所能負擔的，因此也就不去尋求法律服務了。社會需要一羣有志服務市民的法律專業人士，為他們提供法律意見。何君堯明白，單靠自己一個人回饋社會作用不大，因此，他籌劃了這樣一個慈善羣體：匯蝶公益協會。

匯蝶公益有限公司前身是「蝴蝶灣街坊會」。蝴蝶灣是香港人打卡地，位於新界屯門。「蝴蝶」代表有能力人士，有「蛻變」之意，蝴蝶由不顯眼的毛蟲慢慢蛻變成色彩斑斕而振翅飛翔的蝴蝶。何君堯說，「每個人都有不同的潛能，『匯蝶』是匯集有不同潛能的人，一起發揮更大力量，更廣泛幫助有需要的人。」

一隻小小蝴蝶舞動翅膀，可以擾動空氣，長時間的擾動，可以令遠處某地形行程暴風雨，產生「蝴蝶效應」。何君堯說：「我相信，一個人發揮自己小小的力量，可以幫助身邊的人，長期堅持努力，能喚起社會上其他人的熱心。」匯蝶公益律師計劃協助舊樓業主成立業主立案法團，不到一年，在葵涌、荃灣、屯門等地區，處理了500多宗個案……

失之英國，立足祖國。區議會選舉是這場顏色革命重要一環

何君堯任職律師30多年。何家與律師行淵源甚深，可說是「律師家族」。何君堯是律師，大哥何君柱是律師，姪兒也是律師，兒子也修讀法律。叔父何新權（權叔）則是何家成功典範，是家族中第一個當上律師的。2019年下半年的這場暴亂中，香港愛國愛港建制派人士始終是西方政客及亂港份子的「眼中釘」，反黑暴立場鮮明的何君堯

更是被針對的對象。11 月，他被英國安格利亞魯斯金大學（Anglia Ruskin University）無理撤銷八年前授予他的名譽博士學位。

2019 年 12 月 6 日，他帶着剛痊癒的胸口傷痕在中國政法大學，獲頒名譽博士學位。之前一個月的 11 月 6 日，他在香港為區議會選舉拉選票時遇刺。中國政法大學被國務院前總理溫家寶評價為「中國最高的培養法律人才的學府」，頒授此舉是肯定何君堯在法律界的卓越貢獻。據知，香港前律政司長梁愛詩、香港立法會前主席范徐麗泰、香港已故新界鄉議局主席劉皇發也曾獲頒名譽博士學位。

在學位授予儀式上，何君堯坦言經歷過「心情失望」，感歎西方的學術標準已經全盤為政治服務，不去區分真相和謠言，不聽取當事人的抗辯，單憑政客的投訴就隨便剝奪他人學位，可見西方人賴以為榮的學術自由及言論自由基石已經被摧毀了，令人惋惜。學校方沒有與他溝通，沒有調查，就依據所謂「投訴」，單方面剝奪了他的名譽博士學位。何君堯可以反投訴，可以在英國跟學校打官司，但手上事情太多，稍後再想想是否行動。他說：「說實話，我對英國沒有甚麼仇恨和不滿，但我更希望做一個完整的中國人。」

何君堯説：「今日中國政法大學的名譽博士學位，不只是對君堯過去 30 多年法律工作的肯定，也展示了國家對君堯的支持，還君堯一個公道」。何君堯説，名譽博士的榮譽不是彌補他所失去的，也不是給他一個人獨享，而是屬於所有愛國愛港的「真正」香港人。

失之英國，更令他堅定立足祖國。遇刺後獲頒學位，赴京前 10 天，2019 年 11 月 24 日，他在香港區議會選舉中敗選。成、敗；勝、輸。這才構成人生。其實，勝選不在於能不能看到，甚至不在於能不能真的勝選。人生原本有許多看不到的勝選。

何君堯的政治生涯始於新界鄉村，他 2011 年獲選成為良田村村代表後，同年 4 月獲選為屯門鄉事委員會主席，取代出任該位置 40 多年的劉皇發，晉身成為鄉事區議會和新界鄉議局成員。2008 年何君堯曾參選立法會法律界功能組別選舉，最終以約 1200 票之差敗於對手。他在 2012 年代表鄉事派參選立法會，只獲得 10,805 票，排名倒數第三落敗。2016 年他以 35,657 票，較工黨對手、尋求連任的李卓人多 5,508 票，成功取得新界西一席躋身立法會。

2019 年 11 月 24 日，區議會選舉結果塵埃落定，何君堯出戰屯門區議會樂翠選區議員連任失敗。他取得 2626 票，對手民主黨盧俊宇則得票 3839 票，兩者相差 1213

票，出戰同一區的還有蔣靖雯，僅得 56 票。敗選當晚，何君堯稱：「今年非常，選舉非常，結果也異常。」

選後的一天，何君堯跟我分析了這場選舉的落敗。

他說，「區議會選舉，我們沒有經驗，還不成熟，根本沒有想到會有集體作弊的情況出現，有很多不合常理、不正常的事情發生，但打官司需要證據。無非出現三種情況，第一，大量年輕人重複排隊，排到的時候就說自己排錯隊了，無窮無盡的排隊，阻止長者體弱者的投票意欲。不投票為甚麼可以進到票站裏呢？第二，不看身份證就可以拿到票，或者看了身份證之後就給你票，但不登記你的名字，只要不登記名字，之後重複投票也不會有人知道。又或者就算登記名字，寫的也不是年輕人的名字，而是別人的名字。所以這裏為甚麼那麼多年輕人排隊？為甚麼有排第二次隊？第三，這場選舉仍然在恐怖、恐嚇的氣氛下推動的，阻礙了一些人的選情，11 月 13 日，中文大學被叫『暴大』，理工大學被暴徒挾持一週，這些暴徒曾警告說，『特區政府我警告你，千萬不要取消 11 月 24 日的區議會選舉，如果你不承諾，我們會將吐露港的道路全部封閉』。」

何君堯說，這是顏色革命的一個環節，他們的佈局非常龐大而嚴謹，連公務員都參與了這次「政變」，全香港

何君堯於中國政法大學獲頒名譽法學博士學位

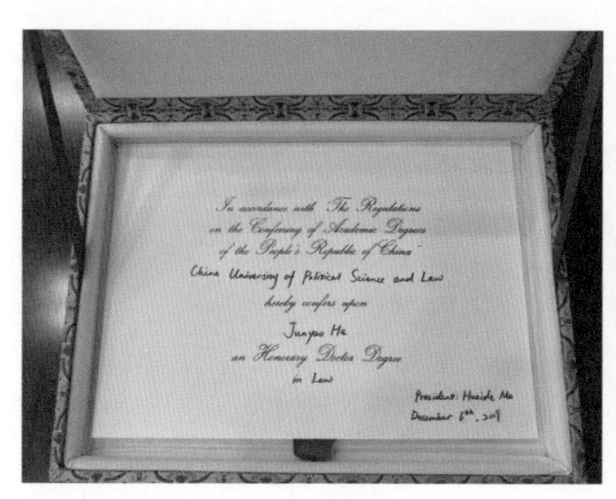
In accordance with "The Regulations on the Conferring of Academic Degrees of the People's Republic of China"
China University of Political Science and Law
hereby confers upon
Junyao He
an Honorary Doctor Degree
in Law

President: Huaide Ma
December 6th, 2019

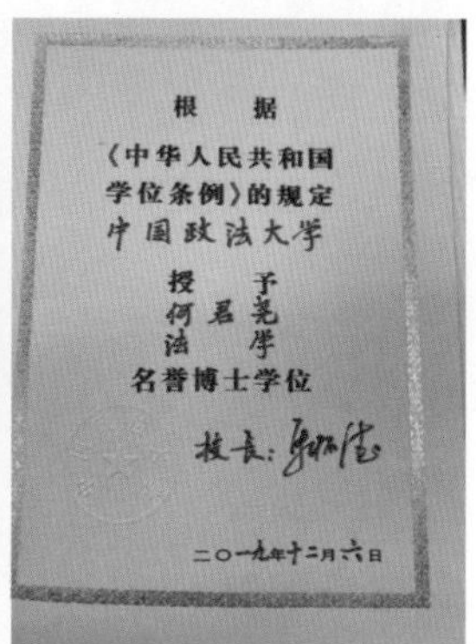
根　据
《中华人民共和国
学位条例》的规定
中国政法大学
授　予
何君尧
法　学
名誉博士学位

校长：

二〇一九年十二月六日

中英文名譽法學博士學位證書

有超過500個投票站，有的小區裏有兩個票站，票站裏的工作人員一定是公務員，他們可以申請人手，每個票站需要15個人，假設有500個票站，那就需要7500人，這些人中不敢保證沒有反對派的人，每個票站裏只要有兩三個，比如統計票數的、管理出入的或者票站負責人是他們的人，7500人裏只要有2000個「勇士」支持「五大訴求」的人，如果不是經歷了這半年的操練，這些公務員不會做這些違法亂紀的事情，但當我們見到6月9日有100萬人遊行，很多看上去很正常的人；6月11日包圍立法會，發起「三罷」。四大會計事務所當時通知說採用彈性上班，等於變相讓他們的職員參加罷工；6月8日，還有2000多個律師身着黑衣，從終審院遊行到政府總部，這些都是高級知識份子。接着還有銀髮族、一些基督教會團體、和理非羣體等。

何君堯說，「用選票趕走反對派，遺憾我沒能做到，我是以2600多票高票落選，比之前那次2030多票還多了40%，但是對手居然此次得票比他上一次得票數增加率超過100%，如果不是有人作弊，這種情況是不可能發生的。這就是他們裏應外合，年輕人從6月開始一路接受洗禮，『這些年輕人好勇敢，他們做得好，都不怕坐牢』，還有楊岳橋說，『坐牢有案底，會令人生更精彩』。這是甚麼說法？我在 2017 年 10 月 17 日說那些陷國家、陷香港於水深火熱的人應該『煞無赦』，竟然要被口誅筆伐；但是那些說了如此離經叛道的話的人卻無人追究。這證明在香港內部，各種反動勢力很強大，令特首都怕他們，只有一個傻瓜不怕，那就是我何君堯，我只是做一個不願逃跑的士兵，我就是做我份內的事。」

他說，這幾個月裏，一些做父母的支持子女上街示威，牧師也加入進來，教師也加入。最初只是扔磚頭，好多人覺得震撼，後來又用傘、棍子捅人，有人提供「豬嘴」，還有錢分，後來就是用火燒，破壞、打砸。公務員這個羣體應該是在辦公室裏的，結果公務員都被觸動了，跑出來支持暴力。這超過 18 萬公務員裏，只要有一萬人是他們的人就足夠震撼了。在這場區議會選舉中，這些公務員申請做票站的幫手。

何君堯說：「他們覺得那些『勇士』打人放火坐牢都不怕，我只是『放水』，能有甚麼問題？何況還有律師團隊，還有錢收。這是顏色革命裏的一個環節，這些情況真的發生了，不然建制派怎麼會失掉超過 270 個議席，470 個議席裏，建制派只得了 80 席（含非民選的當然議員）。」

不過，何君堯坦承這是建制派的一次挫折。世界上沒有完美無缺的東西，不完美也是一種美。遇到挫折，無論怎樣怪別人，最終都是徒勞無益的，只能怪自己沒有把握好。挫折是對人的一種考驗，挫折是一筆財富。挫折，是生活給人的一塊石頭，將他造成一堵牆，還是一條路，正取決於自己。

快人快語惹毛對手，他超過特首而高踞「熱爆本地話題人物」榜首

何君堯在 Facebook 專頁上留言，在立法會會議上隨機發言，性格直爽，快人快語，快嘴快舌，往往因一個詞、半句話而激怒黃絲網民，「惹毛」反對派議員。有女網民留言要何君堯「你自首啦」，他反駁以「妳自慰啦」作回應；有網民重提「7・21 事件」他是始作俑者，他以「你小心周譴」作回應；他稱「中文大學迎新日有 300 隻『甲由』」；他斥丈夫為英國人的女議員「食慣洋腸」……何君堯在行動上更是點燃泛民黃絲縱暴派的怒火。何君堯促政府引用《緊急法》立法，斥黃絲縱暴派暴力行為升級；何君堯發起於國慶前展開「清潔香港運動」，呼籲市民清理街道垃圾，清理各區連儂牆和遭示威者塗鴉的牆壁。由於他「言行惹火」，皇仁書院舊生會暫停他會籍至 2022 年，他稱「不感到驚訝」，這對他「一點塵埃的影響都

沒有」……

2019年12月10日，搜尋器Google香港公佈2019年香港熱門搜尋排行榜，上榜的人和事多與反修例風波有關。被視為「言行出位」的立法會議員何君堯，竟然超越特首林鄭月娥，高踞「熱爆本地話題人物」榜的榜首，同時於「熱爆關鍵字」榜位列第10位。

社交媒體時代，政治人物除了政績考量外，也需兼顧與網民的互動，最好是形象鮮明。若數現任立法會議員中，誰最深諳傳播之道，相信何君堯是其中之一。看看何君堯Facebook專頁數據，他與網民互動次數長期拋離其他建制議員。2019年初，何君堯專頁讚好人數維持在3萬人，直至6月反修例示威爆發後，其專頁人氣急升，讚好者迅速增加，僅僅6月即按月增加24%，由3.3萬增至4萬人。7月專頁讚好人數再增加2.9萬人至6.9萬人，至9月讚好人數更突破10萬大關。他的專頁互動次數亦長期拋離其他建制派議員。在2020年5月13日至20日一週中，其專頁錄得18萬次互動，比排第二的葛珮帆議員高出近一倍，而從2020年初開計，他的專頁有近150萬次互動，較排第二的葛珮帆多27萬次。

何君堯早於2016年立法會換屆競選期間，便開始「玩直播」，近期更與「華記正能量」、「黑超哥」等藍營

KOL 合作做節目。他 2016 年立法會換屆競選期間，便開始以個人談話節目（Talk Show）方式直播，最初名為「君事秘密（Junius' Secrets）」，其後改名為「君事行動（Junius' Action）」。節目通常在他家中或立法會大樓內直播，每次片長 10 分鐘至 1 小時不等；後來才開始錄製片長約三分鐘有配樂的談話短片。

何君堯的定位與傳統建制大黨不同，他不像民建聯、工聯會、新民黨等要兼顧中間選民，他沒有組織包袱，便能提出更強烈的觀點。反修例事件後，藍營支持者看到對方陣營有激烈言論，也希望己方有更強烈的聲音，何君堯乘勢而起。

印象中，他只有一次他沒有與對手面對面硬撼。那是 2012 年 7 月 2 日，新任特首梁振英上任翌日，帶同新班子落區聽取民意，這是以往特首從未做過的好事，可惜當時香港主流媒體仍集中報道負面信息，批評新班子「作秀」，要剛上任的新班子下台。

何君堯長期關注新界，特別是屯門發展問題，是日，屯門友愛社區中心舉辦諮詢會，梁振英和教育局長吳克儉到中心聽取意見。何君堯便帶了一批受興建天文台屯門大欖涌新雷達站影響的居民，向特首提交請願信，胡村長在大會發了言。

在現場的一批年輕人，對長者發言過多而年輕人表達少的現象不滿，鼓譟，叫囂，外面沒能進入會場的發生推撞，令秩序大亂，論壇被迫腰斬中斷。何君堯見狀，就帶着這批居民半途撤離了。特首和教育局長的人身安全受到威脅，匆匆離場時被年輕人包圍。

這是第一次看到：面對挑釁，快人快語的何君堯卻帶隊撤離現場。

事後，何君堯說，「我很認同基本法委員會副主任（時任）梁愛詩的說法，市民可以自由表達訴求，高官下區聽民意，市民應好好珍惜集會，有秩序地表達意見，大叫不能解決問題。高官才剛剛上任，市民應該給政府機會處理問題。」

香港是個多元社會，人們可以用不同方式表達訴求，何君堯說，「我尊重一些市民用集會、遊行、示威方式表達不滿即訴求，同時希望大家也尊重其他人用不同方式，將聲音及訴求傳達給決策者。我希望大家以對話而非對抗方法處理矛盾，造就更多與高層官員對話的機會」。他說，很多自稱「80後」，始終抗拒與內地融合，有趣的是，「80後」一詞就源自內地。

他的律師樓聘用了不少青年實習生，都是「80後」。他說，外界普遍認為「80後」是激進反叛的一代，是不懂世事的一代，是過分被保護的一代，「但與他們相處共事過，我認為現時的年輕人擁有的能力、知識和資訊，比我們那些年當實習生時更強。他們有衝勁，有熱誠，只是差一點主動，差一點勇氣。我所指的勇氣，並非是要年輕人上街遊行、示威、對抗，而是指年輕人有時要勇敢向前，相信自己的想法。有些已實習一段時間的實習生，熟悉大部分處理個案的手法，有時他們對事件有一定的想法，卻因為怕上司怕錯而不肯嘗試。他們已經擁有知識，就是差一點果敢」。

他說：「作為老闆，也是他們的老師，我通常不會訓斥他們，反而喜歡跟他們溝通。交工作給他們之前，我會先跟他們講解背景，指導他們應如何處理；完成後又會跟他們檢討，他們才有進步。我認為新一代的年輕律師，一代比一代優秀。我喜歡跟年輕人相處，喜歡帶實習生出席一些慈善場合，例如早前的抗毒演唱。我也會帶他們外出公幹，帶他們見識，這也是一種學習。要融入年輕人的生活，其中一個方法就是要學懂使用社交網站與新科技。」

不過，何君堯說，「反修例風波」以來，暴力事件不斷衝擊着香港的法治基礎。香港止暴制亂還沒做到「治標」，「治本」更是任重道遠。「現在司法系統做得不到位，很多法官仍然覺得自己置身事外，或者認為這些暴力行為是年輕人為追求所謂的『夢想』，不認同他們是暴徒。明明是暴力份子從打開雨傘到放弩放箭，從丟磚頭到丟汽油彈，再到後來使用鏹水、爆炸物這樣的危險品……問題已經很嚴重，還視而不見？很多人把暴徒稱作『手無寸鐵的年輕人或學生』」。

一個有歷史感的人：從推進 23 條立法，到港區國安法落地

2020 年 2 月 27 日，在香港金鐘立法會議員辦公室，就 23 條立法與國家安全話題，我對何君堯作了訪談。

我問他答，一個半小時。

何君堯的辦公室，是一間典型的律師辦公室。書架上、桌上、地上都堆滿了案卷和書，一幅寫着「青蔥鍛煉那些年，歲月催人成壽松」的對聯掛在辦公桌後，何君堯說，那是他的見習律師寫給他的。

訪談時，何君堯接到一個電話。他看了看我。我理解，他忙，於是做了個手勢：你隨便。他繼續與對方電話，看見他平靜地跟對方說着，還用筆認真做着筆記，我以為只是普通事務。沒想到放下電話，他說，這又是一個騷擾電話，「對方問是不是我，然後說要跟我訂午餐，讓我給他

送過去」。他把剛才寫下的字給我看，紙上寫着一些菜名。

「你為甚麼不立刻掛掉電話呢？」我問。

「既然打來了，我就跟他聊幾句，我也想知道對方是誰。我問他地址時，他就不說了。」何君堯顯得十分幽默，「現在每天有幾十、上百個騷擾電話打來。」

一個執着的人，就是一個勇敢的人。天天被騷擾的何君堯明白，世上多少輝煌的成就，説穿了，其實也很簡單，把每一步都認作目標。成功的保證，就是意志的堅定，對於要走的路，要掙扎到最後一步。正如青年何君堯說過的那句話：假如這是唯一的有希望的一條路，一定要迫使自己走下去。

年初的幾個月，被香港人視為「敏感」話題的《基本法》第23條立法，又成城中熱議話題。

由「廿三同盟」發起的響應立法會議員何君堯提議，撐23條立法網上聯署，獲大批市民支持，由2月22日至3月4日零點，已近百萬人簽名聯署，齊齊發聲。香港政研會、民間團體「同心護港」紛紛請願遞信，呼籲23條立法全民啟動，刻不容緩，以克制「港獨」。被稱為「光頭警長」的香港警務處機動部隊警署警長劉澤基、「華記茶餐廳」老闆楊官華等一批反暴力事件名人，都紛紛表態支持何君堯的提議。

《基本法》第 23 條立法，是香港境內有關國家安全，即叛國罪、分裂國家行為、煽動顛覆國家政權罪等多項條文作出立法指引的憲法條文。2002 年至 2003 年期間，這項條文的立法過程在香港引起極大爭議，最終觸發 50 萬港人參與大遊行反對立法。那一年，萬事俱備，草案擬好，如果不是當時立法會有人突然轉變立場導致建制派少了七張票，在當時就應該通過的。特首在那種情況下，說不撤也不行，因為票數不夠。當時特區政府成立沒幾年，建制派處事經驗不足，歌舞昇平下，多方沒意識到盡快立法的迫切性。

按照國家主席習近平在十九屆四中全會的講話以及在庆祝澳门回歸 20 周年紀念活動時的講話，還有香港中聯辦新任主任駱惠寧於 2020 年 1 月 20 日在北京《人民日報》發表的文章，都表明為 23 條立法是憲制責任，強調國家安全重要。

儘管 2020 年 6 月 30 日港區國安法落地，但之前的半年，香港對 23 條立法無疑是熱點話題，23 條立法與國安法無疑又有關聯。

我問：為甚麼說當下是 23 條立法的最佳時機？

何君堯答：引用海明威的一句，這是最佳時刻，也是最糟時刻。疫情襲港、政治紛爭仍未平息之際，香港社會遭遇空前公共危機，政府運作面臨阻力，才更深感推動 23 條立法的必要性。疫情蔓延，人命關天的緊急時刻，個別政治勢力竟然藉機明刀明槍地發起新攻勢，所謂「醫管局員工陣線」，蓄意搞事，把疫情政治化，要求公立醫院的醫護人員以罷工來逼迫特區政府。這種工業行動，不顧及全社會以及香港病患的福祉，將醫護良心置之不顧，簡直無恥到極點。疫情之下，公眾恐慌，人人自危，再加上擾亂市場、傳播不正當言論等危害社會秩序的種種行為，造成嚴重的社會公共危機。關鍵時刻，必須要規管任何危害國家安全和破壞公共安寧的行為，23 條可以成為良方。

我問：你為甚麼把 23 條立法看得這麼重？

何君堯答：23 條立法本身就是香港在憲制上的責任。從 1990 年算起，23 條已經制定了 30 年，是國家的大政。這不是我何君堯提的，這本來就由來已久，只是 30 年來沒有做，是置國家主權與安全於不顧。過去幾個月，香港之所以會出現嚴重踐踏法治和社會秩序的行為，與缺乏《基本法》第 23 條有很大關係，今日還不立法，何談保住香港未來的繁榮穩定。

我問：你對立法會通過有足夠的信心嗎？

何君堯答：畢竟信心是打造出來的。縱觀現時立法會內，建制派擁 43 票，相比泛民派擁 24 票，具有明顯的優勢。只要有足夠的力量去推動，政府在 2020 年 5 月之前能將草案交付立法會三讀，在 7 月 15 日立法會休會前，理論上通過 23 條的可能性極高，只要我們特區政府有決心，有前瞻性，有毅力和承擔的態度，鐵杵也可磨成針。在立法會換屆之前推動 23 條立法，能盡最大可能阻止日後一切有損國家安全的立法，阻止下屆立法會中任何分裂份子或具有顛覆意向的反對派人士參與，更會避免這些人搞亂選委會以及行政長官選舉，23 條立法也是防患於未然的搶先之策。如果本屆立法會未能做到，不能期望往後的立法會再為 23 條立法，難道要中央通過全國人大以《基本法》附件三來為我們完善國家安全的法律嗎？

我問：你們要搶在今年夏天前立法會通過，這與 9 月立法會選舉是否有關聯？

何君堯答：當然有關聯。如果建制派 9 月立會選舉再大敗，港獨份子佔領把持立法會，到時特區政府變成跛腳鴨，香港形同淪陷，再加上這些泛暴議員唱上《榮耀歸於香港》港獨歌，五星紅旗被光復香港的港獨黑旗所取代，香港甚至中央就永無寧日了。

我問：對於 23 條立法的時機，行政長官林鄭月娥曾表示要審時度勢，找好機會，有好環境有好條件才能推行，你怎麼看？

何君堯答：23 條立法在香港永遠不會有一致聲音，更不會有絕對的時機成熟。經歷了 2014 年非法「佔中」，2016 年的旺角暴亂，2019 年的反修例風波和應對新冠病毒肺炎疫情上的受阻，23 條立法假如一日不推動，類似的社會亂象更容易捲土重來，現在正是測試智慧與膽量、果斷推動立法的最好時機。

我問：如果特區政府沒有信心而繼續按兵不動呢？

何君堯答：目前看，特區政府欠缺方向性和決心，除非有新思維新鼓勵，否則濃重的公務員心態，看來是很難提得起那積極進取和承擔的態度。如果特區政府不推動，退而思其次，是以私人草案方式推動，但這樣難度更大，不僅要獲行政長官批准才能提交立法會大會，且需要經分組點票才能通過，門檻較政府提交的法案高。由特區政府推動才是最理想的方式，我們齊來鼓動政府吧。現在的困難還在於建制派的渙散，沒鬥志，沒決心。他們擔心美國人權和民主法案多於國安立法，因為前者對他們個人和財產造成的影響更深遠，有輿論說為 23 條立法欠缺甚麼社會氛圍，其實不作為才是最大的障礙。

我問：按你的說法，還有四個月時間推動立法，你們有部署詳細行動計劃去推進嗎？

何君堯答：時間確實不等人。現在最關鍵的是要廣泛爭取民眾支持，立即製作各類文宣，散播和轉發，啟動網上民調和實名投票。總結相關立法中的觀點並將其傳播給所有主要論壇去討論，明確其「反滲透」、「反港獨」、「反分裂」等涵義，為激進反對派人士抗爭行動訂立明確界線。下一步，還需對2003年《基本法》第23條法案草案作修改，向行政長官請願為立法宣傳，爭取讓其能在4月正式向立法會提交草案。5月，草案可以進入立法會三讀，應盡一切手段配合和保障辯論、審議，並在本屆立法會休會前完成表決。「廿三同盟」發起的聯署，力爭到3月22日的一個月的時間裏，能達到150萬人簽名的目標，我們不強求非要香港人，或者中國人、華人，只要贊同就聯署。不排除會有人重複簽名，我們只是重在動員和營造聲勢。每逢週六舉辦相關論壇，2月22日第一期有七位嘉賓參與演講。

2020年6月30日，在香港落地的是港區國安法。香港基本法第23條和香港國安法分別規定應予懲治的七種、四種行為和活動，其中有兩種行為有交集。新出台的法律除了規定四類應予懲處的危害國家安全的罪行外，包括許多其他重要內容，即內容比原來基本法第23條設想的內容要廣泛得多。

不過，這過去的半年是一段歷史。歷史可以作證，

何君堯和他的朋友們，為這座城市的安全和國家的安全盡了力。何君堯是個有歷史感的人，回顧歷史的腳印，見證了很多，也尋味了很久。歷史就是承認過去，啟迪未來。不能正視歷史的城市，不配擁有成就的未來。做人不亦如是？

何君堯照於辦公室

劉澤基：
沒人能使你倒下，
如果你信念還站立着

「光頭警長」鐵漢柔情，看天安門閱兵和
觀賞《我和我的祖國》兩次抹淚

歲月微風拉開 70 年漫漫長卷。

「我們都有一個家，名字叫中國。所謂滔滔江河水，淹不盡浩浩中華魂；巍巍昆侖山，鎖不住陣陣中華風。我不是大文豪，沒有這樣華麗的辭藻，更不是巨匠偉人，沒有這樣雄渾磅礴的氣勢。我只是萬綠叢中一片葉，羣山之下一粒沙，渺小的不能再小，普通的不能再普通。但無論再小，無論多普通，祖國是我永遠的家。」

香港警務處機動部隊警署警長劉澤基，人稱「光頭警

長」，在天安門廣場，在長安街上，他這麼想，也這麼說。2019 年 10 月 1 日上午，慶祝共和國成立 70 周年大會在廣場舉行，大會後舉行盛大閱兵式，規模可謂史無前例：56 個方陣梯隊，而後 10 萬羣眾遊行。當「一國兩制」方陣經過天安門城樓時，劉澤基和香港警隊的員佐級協會主席林志偉，還有八位香港警察觀禮代表，激動地揮舞手中國旗。這一幕，透過電視直播，呈現給全球觀眾。「光頭警長」閃現中央電視台的一個畫面就長達 6 秒，讓數以億計的內地同胞看到這位香港警察的愛國之情。「光頭警長」說，「閱兵就是要讓全世界看到我們的軍力和國力，中國強大了」。

他們揮舞着手中的國旗。國旗，古老而又年輕。

廣場上空，一片雲在飄。劉澤基望着藍天望着白雲，是風在動，還是雲在動？其實，那是他的心在動。

最美景色是人的心情。

「光頭警長」想起一件事。那是 2019 年的一天，警隊在街上執行任務，處理黑衣暴徒事件，有位警察在自己的頭盔上貼了一面國旗的小粘紙，結果警隊內部對他展開調查。劉澤基事後說：「我們作為警察，是中國香港警察，中國是我們的國家，警察在頭盔上能貼香港特區旗卻不給貼中國國旗，有甚麼道理，能怎麼解釋？香港警察因為在頭盔上貼國旗而受到調查，我深深感到不能理解。」

警察在頭盔貼上中華人民共和國國旗，那些泛民派、縱暴派、黑衣暴徒，從電視鏡頭中發現了，紛紛質疑是不是中國武警或公安混入了香港警方陣營，於是質疑，於是投訴。香港可依據民法作出投訴，香港的投訴文化很特別。有人投訴為甚麼頭盔貼國旗，是不是內地來的公安？受理投訴的機構只要解釋我們是中國香港警察就可以了，還用「調查」嗎？承認自己的國家，就不「政治中立」了？劉澤基説，明知沒有錯，明知投訴者是歪理，是胡攪蠻纏，根本就不需要理會，但反而還是要調查自己的同事，受別人牽着鼻子走打擊自己的同事。

記得，香港專欄作家屈穎妍對這類投訴曾經説過：「明知是誣告，有些投訴連名字手機號都沒留下，為甚麼仍陪他們瘋？已經不只是擾民，更是浪費公帑，這些政府部門為甚麼竟然去配合刁民而難為正常人？」

此時，劉澤基心情沒有被這類「投訴」情緒干擾，他從天安門廣場回到下榻的國賓大酒店，仍難掩大閱兵的興奮之情：「身為中國人，我感到無比驕傲。」劉澤基説，觀禮過程中他感觸最深的是向老兵致敬的環節。「因為他們的付出才有今天的中國，當我看到有的老兵還拿着逝去戰友的照片來參加這場慶典時，我忍不住掉淚了，家國情懷更濃了。」

「閱兵，不只是國力的體現，也是國民教育，也是令年輕人明白中國今天成就如何努力得來！」「光頭警長」劉澤基的這一感言，在微博發出後，不出五小時，數萬跟帖評論，30 萬網友點讚。

「其實我今天的心情有點複雜」，劉澤基説，國慶是舉國同慶的日子，「70 華誕當然令人喜悦，但香港現在的氛圍和內地相比是有落差的，想到這，心情就有點沉重」，「我們香港警察，其實完全有能力處理這些暴徒，只恨他們也是中國人，打不是，不打也不是，真的很心痛，希望那些被蒙蔽的人能快點醒來，明白國家好，香港才會好」，「國家已成為我們的靠山，沒有國就沒有家，國家就是一棵大樹，我們是住在大樹裏的小鳥，如果國家倒下來，我們每一個人都不存在。香港現在的情況是年輕人不認自己是中國人，説自己是英國人、美國人，真悲哀。」

金秋的京城，清風裏夾着五谷芬芳。9 月 29 日，獲邀參加 70 週年活動的十位香港警隊代表抵達北京。是晚劉澤基就品嚐了馳名全球的北京烤鴨，直誇「味道不錯」，他還買了真空包裝的北京烤鴨，帶回香港給家人品嘗。翌日，他們登上北京八達嶺長城。

前不久，他接受媒體採訪時説：作為中國人，要去首都看看，而長城作為中國的標誌，自然也應該去，「我想去走一走長城，做一做『好漢』」。隨後，長城管理部門獲知他這一心願便主動聯絡他，告訴他將為他開闢「綠色通道」圓夢。為避免人流高峰，香港警隊代表團一大早就啟程前往八達嶺長城。剛到八達嶺，「光頭警長」就被一些遊客認了出來，大家高聲喊着他的名字，為他喝彩，誇他長得帥，光頭很性感。他也笑着與大家打招呼。之前一天，剛到北京，是晚他和同事們遊覽鬧市王府井，同樣很快被遊客認出，也喊着他的名字，紛紛要求合影留念，不時有遊客對香港警察伸出大拇指讚賞。合影時，他刻意露出手掌背的國旗圖案。「光頭警長」說，「心情很激動，他們都挺我，當然開心，看到這麼多年輕人，希望他們好好讀書，回報祖國。」

「我完成了 40 年心願。」第一次登上長城的「光頭警長」異常興奮，緊跟着講解員聽長城史，一路小跑走在隊伍最前面，「光頭警長」興致勃勃花了一個多小時，爬了一公里長城。「哪一個是烽火台？」「八達嶺長城有多長？」邊攀登邊問工作人員，還不時拍照片、拍視頻發給家人。他說，「我是中國人，我希望香港年輕人清楚，自己都是中國人，我們應以做中國人為榮」，「百聞不如一見，長城的氣勢比自己想像中更加雄偉、壯麗。階梯沒有想像中高，但真的很美。我要記下來告訴孩子，以後一定會帶他們過來，讓他們感受長城，讓他們知道中國的歷史，讓他們知道自己是中國人。」

這是他第一次去北京，「其實我早就想去看看自己國家的首都，但孩子還太小，一路舟車勞頓會比較辛苦，想等孩子大一些有認知能力時再去，對自己國家的首都就會留下印象，去看看故宮、萬里長城，瞭解國家歷史。」

登上長城，他獲頒「好漢」證書，即「八達嶺長城登城證書」。回程路上，「光頭警長」在微博上發出自己登長城照片和「登城證書」，他寫道：「我終於完成我的願望。長城！你比我想的還要壯觀。你是二千多年來，保護我們中國人的巨龍，辛苦你啦，你還要繼續永遠保護我們中華民族！」

2019 年 9 月 29 日到北京，10 月 2 日結束行程。行將離開北京，在結束這次國慶觀光之旅的前夜，突然接到國家廣播電影電視總局邀請，經有關領導安排，10 月 2 日上午，廣電總局，舉行《我和我的祖國》港澳同胞觀影專場。真是一個意外收穫。

這部電影由陳凱歌出任總導演，影片取材新中國 70 周年來的七個經典瞬間，講述普通人與國家之間息息相關的七個動人故事，包括《前夜》、《相遇》、《奪冠》、《回歸》、

《北京你好》、《白晝流星》、《護航》。電影公映才三天，票房收入突破 10 億元人民幣，成為中國電影史上新奇跡，歌星王菲演唱的《我與我的祖國》的歌聲已傳遍大江南北。

10 月 2 日，上午 8 時，香港警務處人事及訓練處長李建輝帶隊，十位警察兄弟穿着整齊服飾，踏進廣電總局大廳。港區全國政協委員成龍、屠海鳴、馬浩文、李國興、霍啟剛、姚玨，港區全國人大代表馬逢國、電影導演高志森、演藝學院董事會主席周振基等都在現場。

屠海鳴，香港新時代發展智庫主席。他寫的多篇時評中提到過「光頭警長」，這是首次見面。離開電影放映還有 10 多分鐘，他與「光頭警長」聊得盡興，談閱兵式上鐵流滾滾、戰機轟鳴，談羣眾遊行歡天喜地、載歌載舞，談國慶之夜煙花綻放、歡聲笑語……

一旁的媒體正在採訪香港警務督察協會主席伍偉基和員佐級協會主席林志偉，林志偉對着鏡頭說：「祖國永遠是我們香港警察的堅強後盾！」屠海鳴說：「此時我突然頓悟，明白了『堅強後盾』的深刻含義。這既有武之盾，也有文之盾；既是有形之盾，也是無形之盾；既是今日之盾，也是明日之盾。擁有堅強後盾，是香港之幸、香港之福。」

電影開場。屠海鳴坐在「光頭警長」後面一排，三位 30 歲上下的警員馮家勇、曾志安、胡瑞傑坐在他旁邊。

屠海鳴事後說：「兩個多小時的電影，這些警察兄弟看得非常認真。當電影中『回歸』篇五星紅旗不差一秒高高升起在維多利亞之畔的那一幕時，我看到了劉警長和他的幾位隊友，都拿出紙巾在輕抹眼角。香港警察也是鐵漢柔情啊！」

電影散場了，十位香港警察坐在座位上，久久沒有起身。聞訊趕來的許多媒體記者，在會場裏圍着他們「長槍短炮」作採訪。

屠海鳴望着他們一張張英雄的臉，他說：「《我和我的祖國》講的是平凡人的平凡故事，就是『光頭警長』和他的這些同事們，演繹了一齣齣既平凡而又不平凡的感人故事，匯成了『我和我的祖國』的愛國洪流。有幸與警長和香港警察兄弟，一起在偉大首都，肩並肩出席這部電影的觀影專場，這是我人生中彌足珍貴的一個瞬間。」

觀影後，「光頭警長」接受香港媒體採訪，他說影片《白晝流星》這個小故事最讓他感動。片中講述的是身染重病的李老伯對兩個無人管教的年輕人不離不棄，在生命最後的時間，以行動感染及教導他們的故事。在劉澤基看來，這故事令人印象深刻，「老伯用生命燃點生命，將兩名年輕人導回正途。這情況就像現時香港的一部分年輕人，需要正確引導，而香港正需要這樣的『李老伯』」。

他還表示，片中《回歸》一段中，看到中國軍人進場的時候尤為激動，「軍人可以保護每一個同胞，讓人安心踏實」。

是日，中國內地微博、微信等社交媒體上，「光頭警長」和九個兄弟觀賞《我和我的祖國》刷屏。

劉澤基的微博叫「香港光頭警長」，他在國慶日天安門廣場觀閱兵禮的微博，4 小時就有 14 萬人點讚，一天前的微博閱讀量就多達百萬。劉澤基早在 2011 年就開了微博。他去上海公幹，與上海的同行交流兩周。上海的朋友問他有沒有用微博，當時他都不知道甚麼是微博。他原本就不喜歡玩社交媒體，有空閒時間，他更喜歡運動。內地的同行朋友就幫他開通了微博。開通後，他也不會用，也沒有用過。

直到 2019 年 7 月 30 日，他在香港抗暴受傷，好多內地朋友聽説後都牽掛他的傷勢，跟他說，「不只是我們，內地很多同胞也都關心你，你要不要用微博和大家打個招呼？」

他這才想起自己曾開通過微博，這樣他才開始使用微博。9 月中旬，他在微博和大家打招呼，溝通互動，不到半個月已收穫 50 多萬名粉絲；到 9 月底，粉絲達 62 萬；到 2020 年 2 月，粉絲已達 104 萬。47 歲的劉澤基，一個香港警務處機動部隊警署警長，成了網紅。

正是 2019 年 7 月 30 日發生的事，令「光頭警長」紅遍神州。

負傷面對過千暴徒，冷靜擎槍驅散的硬漢照片刷屏網絡

那天「光頭警長」和同袍的任務是保護葵涌警署。兩天前，有 44 個示威者在西環那裏被抓，全部關在葵涌警署。網上有人呼籲去聲援他們，去圍堵葵涌警署。按理是應該整個 PTU（機動部隊）大隊一起行動，但那天香港多處黑暴頻生，示威者在機場鬧事，警方人手不夠便分散警力，不是四隊人一起。而是兩隊去機場，兩隊去葵涌警署，兩隊 PTU 加起來有 82 人，還有葵涌警署的一些人，總共有 100 多個警員。

劉澤基和同事早上 7 點就去到那裏，一直安寧無事。黃昏時分，才見黑色人潮漸漸湧來，數千人圍着葵涌警署叫囂，佔據警署前的葵涌道三條行車線，不斷大叫「放人」，又用黑色噴漆在警署圍墻噴寫標語。按理說，劉澤基晚上 7 點下班，但警署遭遇包圍，他和同事就沒法離開火線。

晚上 10 點 20 分，劉澤基看東網新聞，警署外面約

四五十米，有個男子因政見不同被人毆至昏厥，他們毅然向上級反映要出警署救人，指揮中心批准行動。

示威者用雜物堵住警署大門，數千人圍着，警局的人出不去。劉澤基跟門口的示威者說：「我們是出去救人的，不會跟你們對幹的。」示威者卻並不理會。

在警署門口，紅光、黃光、藍光、紫光，甚麼顏色的光都有，幾乎人人拿鐳射筆射向警察。劉澤基和八個同事好不容易突破包圍圈，走了一段路，示威者看到警隊人不多，便開始挑釁毆打警察，推搡，辱罵，拳打，腳踢，混亂中，一再克制的警察被衝散了。「光頭警長」與傑仔在一起，另外七個人還拖在後面。

暴徒不時投擲水樽、木棍等雜物。一個個警察們被暴徒推倒，劉澤基跌倒後力撐着，雙膝跪在那兒，雙手抵擋着飛來的雜物。一羣暴徒衝將過來，將他扳側推倒，還有人用力扣壓他的頸脖和頭顱，要把他壓到地上毆打。他頭盔有一個扣，被人鬆開，頭盔掉了，數不清的腳踢他的頭部、背部，顴骨和眼睛都被打傷了，「砰」眼部再被踢一腳，他眼一陣眩轉，都來不及反應，幾乎要暈了。

突然，他感覺有人在搶奪他的槍。他突地清醒了，全部靈魂一下子回過神來，用力把槍從暴徒手中扯回來，一扯那一刻，他看到「傑仔」在邊上正和暴徒互打，牽制了多個暴徒，能讓劉澤基有空間奪回槍突圍。劉澤基用警棍掃開那幫暴徒。幾十個暴徒又圍攏來，此刻，他擎槍示警，喝令施襲的黑衣暴徒散開。他們看到他舉槍，一下懵了，慌亂中全都逃開了。劉澤基舉槍轉圈，穩步前行，這一幕英姿在黑夜火光中特別亮眼。他托舉的這把大槍，雷明登霰彈槍，其實是布袋彈，不會致人命，只能打痛人。他腰部那把手槍才是能射殺人的，那幫暴徒都不懂。

傑仔十三、十四歲的時候，劉澤基就認識他了。傑仔參加少年警訊，劉澤基那時是警長，是他帶着傑仔訓練，傑仔那時就跟他表白：他想做警察。他讀書的成績是上不了大學的，中五畢業就考警察。傑仔體能差，跑步不夠快，達不到警察標準，第一、第二年都沒錄取。劉澤基就重點訓練他。警隊要求引體向上至少七下，傑仔能做二十下了。第三年，他考上了，至今當警察三年，最初駐守上水警署。他來機動部隊訓練營時，劉澤基打開訓練成員名冊，有 100 多警員，傑仔被入選了。傑仔不善言語而生性寧靜。這次傑仔也受了傷，休息了四天上班了。他很感激警長能帶他參與這場行動，說如果沒有這次經驗，是一大損失，能跟警長一起是一種榮幸。傑仔也透露，他一些朋友，包括同學，從網絡上看到他受傷，竟然發短信給他：你該死。他姐姐都因政見不同，常和他爭辯，姐姐質問他，警察為甚麼打人？

此時，劉澤基和傑仔往後退。警察是無法按原先目標去救人了，看來只能無奈返回警署，但是警署前面圍住上千人，回去也難。周圍已經看不到其他幾位警察同事了。

滿頭是汗的傑仔問：「我們怎麼辦？」

「光頭警長」望着散去又圍攏來的暴徒，轉過臉對傑仔，一字一字說：「跟——着——我——走。」

傑仔抿了下嘴唇，回應了一個眼神。

這一個多月，同事一天十五六個小時相處一起，成了最親近的人，有時眼神看一下，肩膀拍一下，就知道對方下一步想做甚麼。默契全在那裏，情誼全在那裏。

警隊在暴亂現場清場時，隊形一般保持四個方陣，每排八人，第一排用長盾去保護，第二排用棍子，第三排用噴霧等裝備，或者是一些催淚煙，第四排就用布袋彈，或是塑膠子彈。工作的時候，劉澤基會走得較前一點。他說，「在我心裏，我始終把身邊這些年輕警員視為自己子女和兄弟，我有責任安全帶着他們工作，安全帶着他們下班。」

他和傑仔朝人少的地方行走。劉澤基帶着傑仔，一路向着葵芳地鐵站，且戰且退，一路都有石頭、鐵棍、雜物飛來，他倆不時躲避。傑仔跟着劉澤基，在他身後保護着他。

退到葵芳地鐵站地下，劉澤基看到有三個警察正遭遇一羣暴徒挨打，他們是衝鋒隊的。他把他們招呼過來，有手中這把大槍，就能唬住暴徒，令自己安全些。

劉澤基問：「你們怎麼在這裏？」

他們說，接到報案，說那邊有個男子被人打暈了。他們的目標都一樣，是去救那個男子。

劉澤基問：「你們的警車在哪裏？」

他們說，警車在巴士站那裏。

他們五個就這樣，你保護我，我保護你。他們並不相識，但五個人在一起，就多一份安全感。他們慢慢一路退回警車那裏。不料警車也遭暴徒打砸，車玻璃都碎了，司機的臉被玻璃碎碴弄得滿臉是血。他們保護警車，退後，退後，退到安全位置可以轉彎，眾人上車，迅即離開。

之後，劉澤基就去仁濟醫院治傷，都午夜兩點多了。眼睛傷重，看不清楚，眼前物象重影。他被暴徒用磚塊擊中腰部和右腳，膝蓋骨裂了一小塊碎片。醫生看了他病歷說是第二次受傷了，要做手術。10 月 4 日手術。他想早點歸隊，與弟兄們一起拼鬥。他夫人也是警察，劉澤基受傷了，她沒有哭。但當她聽到說葵涌那個同事下班後被人砍傷的消息，她哭了。她忿忿地說，「香港為甚麼變成這樣？竟然可以找一個不認識的人來砍。」她擔心同樣的事情會

執行公務前合照，後排右三為劉澤基

不會發生在丈夫身上？

劉澤基身材魁梧，皮膚黝黑。他持槍驅散暴徒的照片在網上刷屏了。一個光頭警察，神情緊張，舉着長槍，舉槍自衛，做出瞄準姿勢，他頭部有傷，負傷面對暴徒、仍能克制冷靜的劉澤基硬漢形象，收穫大量「粉絲」，網友們稱他為「光頭劉 Sir」。

他在內地被熱捧為果敢執法的英雄，不過在香港，他的舉動被一些黃絲網民和黃絲媒體視為警察粗暴執法的又一例證。其實，劉澤基心裹明白，那些不懷好意的傳媒記者把鏡頭始終對焦他，是等待他控制不了自己而扳動槍扣，拍下開槍射殺市民的那一瞬間。他心裹明白，只是舉槍，沒有開槍。他依然被這些「黃媒」污衊為「黑警」。幾個月後，他接受我採訪時説，「我身為人父，眼前在襲擊他的這些年青人也是別人家的孩子，我只是心痛他們被誤導而訴諸暴力，我一擎槍便嚇退他們，不會扣下板機。」

有同事替劉澤基擔心，用槍指着暴徒，符不符合規定，會不會被調查。擔心是過慮了，警察總部派了長官去他家看望他，問候傷勢如何，他們都説擎槍的舉動用得對，用得好，否則當時你根本脱不了身，那就更麻煩。

劉澤基對我説：「其實，任何一位同事在當時那個場景，發生的結果都會和我是一樣的。每一個同事都是盡力而為，每一個同事都是無名英雄。對我個人來說，只不過是派給我一個行動，讓我去救人，這個行動被暴徒阻撓，沒有完成，但能全身而退。後來我知道，原先要救助的那個男子被人送去伊利沙伯醫院救治，最後還安全。」

劉澤基內心始終有個疑惑，止暴制亂初期階段，警隊執法鎮暴，是不是有點軟弱了？你犯了法，就應該果斷執法，不讓你有喘息反抗的空間。初期，年輕人向警察扔磚頭雜物，劉澤基帶領同事往前衝，拿出警棍對打。警察大喊「全部跪下」，不跪下的話，全部視為反抗者，統統都挨打。前面那些暴徒被警察打了，後面的暴徒就害怕了，紛紛跪下。可見你強硬執法，他們就害怕了。不過，他們被捕後，只是抄下他們的身份證後就全部放走了。為甚麼要釋放他們？長官解釋不是放，僅僅先抄下他們身份證後，到時再看那些視頻，如果他們有犯法，再抓他們。

劉澤基認為，「這樣就種下了禍根。他們全部暴力犯法，堵塞道路，襲警打人。按以前的做法是全部抓回警察局，一個一個打指紋，一個一個錄口供，接着立刻將他們帶上法庭。如果法官判了，他們就即刻坐牢。這就表明一種訊息：你一旦犯了法，警察會果斷執法，不會姑息。以我個人觀點看，我覺得我們高層的鎮暴策略是可以探討的，你不打不抓不檢控，第二天他們會繼續來，誤以為犯了也沒事，抄下身份證就可以走了。有這種觀點散播，演變到 7 月 1 日，他們就大膽囂張打砸立法會，他們這是在練兵，警察反而成了陪練的教練。上司不准我們用催淚煙，不准用布袋彈，只能用盾來擋，當時連手腳的護具都沒有的，所以很慘。下雨一樣的磚頭，從四方八面扔過來。我們很多人受傷了，迫不得已，當時我開了三槍，其實布袋彈威力不強，只是槍聲音厲害，轟轟轟轟，仿彿是開大砲般，暴力者見狀一窩蜂散了。那天我們開完槍了，上面才說你們現在可以用槍了。」

在鎮暴的幾個月裏，劉澤基多番受傷。6 月 12 日暴徒暴力衝擊立法會時，他第一次受傷，暴徒用磚頭砸傷他膝蓋，被砸的膝蓋骨凹陷進去，沒有外傷流血，他最初以為只是傷筋，但受傷處一直腫着，拖到 6 月 19 日放假才去醫院，拍 X 光，右邊膝蓋有一碎骨，1.2 釐米。示威暴亂逐漸升級，警隊工作緊張人手不夠，他就沒再去醫院診治。直到 7 月 30 日那晚在葵涌二度受傷，眼、頭等多處傷痕累累，醫生不讓他上班執勤了。

9 月 13 日中秋佳節。10 多名內地市民帶着數百盒月餅送到香港葵涌警署，慰問劉澤基和他隊友。劉澤基駐守的是灣仔警察總部，不在葵涌警署。內地朋友都是從新聞看到 7 月 30 日那天晚上他在葵涌警署前的抗暴英姿，於是送月餅去葵涌警署。劉澤基特別感動。他一再說，「我的同事們在這三個月裏付出了很多，許多人都冒着生命危險衝在第一線，他們每個人都是無名英雄。」

中國長安網官微發起「我為阿 sir 送特產」活動，藉着向香港警察送上特產表達支持和敬意。峰哥一行人從廈門到深圳，包車赴港採購月餅，好不容易在屯門美心店湊足 650 張月餅券，再趕去元朗提貨換成月餅，第一站是送去位於元朗的警察宿舍，峰哥與朋友們搬貨裝上小推車送去月餅。第一個出來迎接的正是「光頭警長」劉澤基。劉澤基幫忙搬貨說，送來的不僅是月餅，更是內地網友的暖暖心意。他們第二站去了位於大埔的新界北警察總部，第三站去了青衣警署，都受到熱烈歡迎。峰哥說：「希望香港警察撐過這段時間，有機會來內地看看。如果來廈門，歡迎來我的餅店嘗一嘗正宗的內地美食。」他的餅頗受食客青睞，在廈門的餅店門外購買者始終排長龍，他說：「香港警察只要報稱『我是香港警察』，就可以不用排隊，免費吃餅，永久有效。這份邀請只是表表內地人的小心意。」

這是他最難忘的一個中秋節。他說，這一盒盒月餅，給了他一種信念。

他是個善於給自己包紮「傷口」的人。

他說了一個故事。一個病人躺在牀上。木然而頹廢地看着窗外一株被秋風掃過的蕭瑟的樹。神奇的是，那樹上還有一片蔥綠的樹葉。病人想，這片樹葉掉了，我的生命也就該結束了。於是他終日望着那片樹葉，等待它落下去，也悄然等待自己生命的終結。但那樹葉不落。直到病人身體完全康復，那樹葉依然碧如翡翠。是一片樹葉給病人活下來的信念。那片樹葉其實是一位畫家特意畫上去的。這是歐・亨利的著名小說《最後一片樹葉》。

這就是一種信念。中秋，月餅寄託的是一種信念。反暴鎮暴，絕不退下。「這個世界上，沒有人能夠使你倒下，如果你自己的信念還站立着的話。」這是黑人領袖馬丁・路德金的名言。

劉澤基的手術安排在 10 月 4 日，摘除了大拇指頭般大小的碎骨，之後在家休養。2020 年 1 月 24 日，他再回警隊上班，他繼續上陣。2 月 29 日，地鐵太子站一帶，示威者紀念所謂太子站「八三一事件」，堵路、放火、打砸、扔汽油彈；3 月 8 日，大埔，示威者紀念周梓樂事件，堵路、放火、砸店舖……一連串事件，劉澤基都參與了執勤。

後來的兩個月，暴力活動有所減弱。劉澤基分析說，2019 年 11 月，理工大學事件中抓了上千人，暴徒無疑怕蹲監獄；星火聯盟的戶口被凍結，暴徒的資金鏈受挫；很多店舖被砸而停業，經濟民生萎縮，有同情示威的市民反思。2020 年 5 月，疫情漸漸退去，那些年輕人還會重返暴力現場。6 月以後，所謂反修例一週年的各個日子來臨，9 月立法會選舉在即，黑暴攪炒還會升級。

他曾看過一部電影。有一個情節讓他難以忘卻。

民間武師黃飛鴻帶着徒弟外出會友，見一地頭惡少與眾家丁刁難百姓，跋扈至極。身旁徒弟見了，怒不可遏，欲上前拔刀相向，卻被師傅阻止。但見黃飛鴻步入圍觀人羣之中，攙扶起被打得遍身是血的老叟和慘遭欺淩的弱女子，卻不與惡少計較，只是以冷峻的眼光掃視他一眼，然後闊步而去。

眾人但見他站立着的那塊巨石已裂成碎片。於是，待眾人醒悟過來，讓人意外的一幕發生了：那惡少疾步追上黃飛鴻，僕地便拜。這便是正義的力量。有時候征服一個人並不需要武力，因為心是拳頭打不到的地方。

他說，他其實很不想用武力對付暴力。

他喜歡和人聊天，願意與那些參與暴力活動的年輕人說說話。想讓他們知道執法者的想法，也讓執法者知道他們的想法，警察執法也需要了解民情，看看他們有甚麼需求。

7 月 1 日那天，衝擊立法會之前，他看到有穿黑衣的年輕人走出大門，他就和他們攀談，問他們為甚麼要上街暴力衝擊政府部門？他問：不滿意香港政府，為甚麼不能用合法的方法手段去表達他的意見，而要去破壞？他們回答他說，內地會找各種理由把香港人抓去內地投進監獄，將異見人士全部都清洗了。

劉澤基說：「不是這樣的，比如說，犯了很嚴重的罪行，七年以上監禁，又經過法庭法官准允，才有可能像你們說得那樣。」

他們就說，警察先生，你被人騙了，只要以後修改法律刑期，比如你亂穿馬路，都說你的刑期是七年，這樣就抓你回內地去了。

他就說你們的說法太誇張了，不可能如此的。我就轉了一個方向，談別的事情，他問，你們怎麼看修訂逃犯條例？他們一臉疑惑，甚麼逃犯修訂條例？他們都沒聽說過，不知道他在說甚麼。他說：「你們要『反送中』，這都是你們那班泛民主派說的，原本名字就叫修訂逃犯條例。他們竟然都沒聽說過。」

劉澤基說：「他們就是相信那些政客的虛假道理。我問他們，去過內地嗎？一個個都搖頭說沒有。他們對自己的國家根本就不了解，主要是缺乏溝通，缺乏理解。」

2019 年 6 月以來的日子，對「光頭警長」而言，是一段特殊的生活。生活，就是理解。生活，就是面對現實微笑。生活，就是越過障礙而注視未來。

父親、妹妹、夫人都是警察。
穿上警服那天，他就自訂條規：犯法就一定要抓

香港元朗。凌晨 3 點，劉澤基疲憊的腳步，拖着沉重的身子，回家。在外與示威暴徒鬥了一天。他有兩個孩子，兒子九歲，女兒七歲。七歲女兒說很久沒見到父親了。下午，她打電話給他：「爸爸，你在哪裏呢？怎麼好多天都沒回家？」

劉澤基到了家門口。門上，孩子寫的一張貼紙：「爸爸，回來快點按門鈴，你們工作辛苦了。」劉澤基看到這紙條，頓時淚奔。他輕輕撕下這張紙條，小心翼翼放進包裏，收藏起來留作紀念。進屋，兩個孩子都睡得很熟，他沒有叫醒他們，女兒不知道爸爸回來過。

清晨 5 點，他又去警隊總署上班了。他回來也就只三四個小時，將髒衣服換下去洗，拿一些換洗的衣褲，與夫人說幾分鐘，稍稍躺一會，他又離開家了。

一天中午，劉澤基上完夜班，離開警署。他看了看時間，差不多是女兒放學時間，他便去了幼稚園。女兒不知道爸爸來接她，她在等候傭人姐姐接她回家。

隔着玻璃窗，女兒看到爸爸來了，一陣驚喜，睜大眼睛，衝出大堂外，撲向爸爸，哭得委屈傷心，說不出話。

老師急匆匆跑出來：「她跌跤受傷了嗎？」

劉澤基笑了笑：「沒有，是看到我激動了。」

老師吁了一口氣，說：「是啊，她在教室裏常說，很久沒有見過爸爸了。爸爸受傷了。我一再安慰她，爸爸沒事，爸爸沒事的。」

這場示威黑暴風潮之前，警隊正常是一天三班輪值，每週休息一天。社會上暴力活動加劇後，警隊每班至少 15 小時，常常是十天、八天都沒有休息，也就很少回家，家在元朗，有點遠，淩晨下班就沒有車坐，便不回去了，翌日繼續上班。大家都備了地毯、充氣枕頭，席地打開就入睡了，睡四五個小時便要起來上班。

劉澤基 47 歲，19 歲加入警隊，近 30 年了。出身警察世家，父親和妹妹，他夫人都是警察。他老家在香港龍鼓灘，他出生在香港，父親也在香港土生土長，祖父輩都是當兵的，300 年前從深圳龍崗移居香港，到他這一代，也可以算原住民了，已經有十幾代人住在香港了。

1967 年香港發生「六七」反英風暴。翌年劉澤基父親參加了警隊，在警隊駕駛警車。警隊有個運輸組，一般而言，在運輸組就等同升級無望，只是運輸組上班時間相對穩定。父親考慮到孩子五兄弟姐妹，上下班穩定也就能按時回家。他是以家庭為優先考慮的，於是選擇不升級而去了運輸組。他父親總覺得自己只是一個警員，一官半職都沒有，在家裏，很少說警察的事，他經常自我數落沒有用。香港電視劇有很多警察題材，特別是那些《新紮師兄》等經典警匪片，是劉澤基童年回憶的一部分，上世紀七八十年代這類警匪劇片影響了兩代香港人，青少年看了都想當警察。最無法忘卻的，他從小就想像父親應該和電視劇裏的警察一樣英勇。

一次，父親問劉澤基，長大了想不想做警察？

劉澤基都不敢正面回答。

父親卻鼓勵他去投考，說：「你想做警察的話，就做個有用的警察，要成為出色的警長。不要像爸爸這麼差勁。」

劉澤基望着父親，這一天他開始更深層次地理解父親了。在他心目中，父親的生活像一潭水，少有新生和流動。在平靜而荒蕪中，他感覺父親的心頭都會結出繭來。但他為這個家卻無怨無悔，這讓他感動。其實，在兒子的眼中，父親並不差，五兄弟姐妹，靠他掙錢養大，父愛才是偉大的。在這個家，父母和孩子的話語總是不太多。

這是兒子長大後才認識到的。當年孩童時，他還不會

1993 年加入警隊，劉澤基在第一排右五，當年考獲班中的第一名，俗稱銀雞頭。

劉澤基（在第二排右一）當年一眾各班考第一的学員、警察学校的校長及高級教職員合照

快報

職業指南

執法先鋒木人巷 學警百煉鍛成鋼

新紮師兄談感受

1993 年接受香港報紙快報的訪問

1993 年 8 月 21 日，劉澤基在警校畢業禮上獲得全期最佳學員稱號，俗稱金雞頭，當時獲英国駐港灣三軍總司令頒獎

這麼講，現在會講了，父親卻又離開了。劉澤基父親 52 歲那年，患癌症去世的，那時尚未退休。

劉澤基是家裏第二個孩子，他有個姐姐，他算是大兒子，在家裏照顧兄弟姊妹，很多家務事也都是他做了。家裏經濟條件一般，他知道爸爸媽媽養這個家很辛苦，自己能幫他們會覺得很開心。

中學畢業，劉澤基就報考警察。警隊指他閱歷太淺，生活方面甚麼都不懂，過兩年再來報考吧。那兩年，他就在餐廳、裝修、工地打工，兩年一過，他又去報考了。這回圓了多年的夢。

黃竹坑警察學院同期三百多同學，劉澤基考試成績優異，體能第一，槍法第二，法律也考第二。他父親看到兒子的成績，就笑個不停，樂得幾個晚上還在和母親嘮叨。能贏得大人的欣賞和喜歡，劉澤基有點自豪，當時他真想說：「爸爸，這成績應該都是你的。」當然沒能說出口。

劉澤基在衝鋒隊九年，他喜歡在衝鋒隊，每個進取的軍裝警務人員，都想去衝鋒隊。內行是叫做軍裝重案組，相對嚴重的案件，就派衝鋒隊去完成。衝鋒隊裝備好些，全部在車上，因應事件不同，就用不同的裝備去執行任務。他 12 歲練柔道，參加過香港代表隊，前後三年，打一些小型比賽，港隊的要求是，星期一、三、五跑 12000 米，

二、四、六去玩柔道，他對於自己體能很有信心。

他妹妹也是警察，在警察駕駛學校當教官。穿上警服的那一天，劉澤基就自我訂立一些很簡單的條規給自己：別偷懶，有工作就要做；有人犯法就一定要抓。

今日香港，經常有人在網上叫囂要「殺警」，要用土製炸彈「擊警」。香港警務人員每天還面臨另一種「傷害」，面對另一種「威脅」。香港被黑色恐怖籠罩以來，「起底」情況肆虐。「起底」是一個網絡詞彙，與曝光、揭秘一樣，又稱為「人肉搜索」，是指查出對方的個人資料等私隱訊息而公諸於世，以作「網絡公審」。在社交媒體上，警察成了人肉搜索對象，成了反對派重點矛頭指向。警察家人遭「起底」，孩子在學校遭到欺淩。

7 月 30 日那晚，劉澤基舉槍的照片被放上網，隨即遭一些網民「起底」，他和家人的個人信息都被公開。事發後不到一小時，他手機電話響不停，每小時收到六七百個惡意來電，內容全是爆粗口，辱罵他及家人，大嚷「黑警」、「殺死你」、「傷害家人」、「把孩子打殘廢」等，令他不勝其擾，只好選擇晚上關機。他太太受驚嚇，孩子在暑期也不敢外出，取消參加原定的暑期興趣班，只能待在家裏。

對於他和同事們遭受的仇警、辱警甚至殺警言行騷擾，劉澤基說：「一個文明社會，不應該發生這樣的事。為甚麼一些人在電腦、手機上就可以不負責任地發表言論？」「其實不只是我被曝光，警察宿舍的環境不再安全，只要認定你是警察子女，他們都可能會隨時遭遇襲擊。」

一天晚上，10點多，「光頭警長」回家路上，迎面走來三個黑衣黑帽黑口罩的年輕人，對着他指指點點，似乎認出了他，這三人和他面對面，越走越近，三十米、二十米、十五米，他忽然意識到有情況，他手扶腰間的警棍，心想：絕對不能退縮，我不害怕，害怕的是他們。他挺胸迎面走去，十米、八米，三個黑衣人見狀，突地左右分開而離去。劉澤基對自己的身手功夫還很自信。他平時酷愛健身，踩單車，從十二歲練柔道至今，對暴徒襲擊，他不會退縮。

他家的街上，示威者張貼他兒子、女兒的照片，意圖傷害他們。街坊看到都會旋即撕掉。街上的老闆、商戶都疼惜這一家人，看着這兩個孩子從小到大的。他們經常跟劉澤基夫婦說，一旦發生甚麼緊急狀況，要叫他們兩個人馬上衝進店舖躲避。

儘管遭到一些人的辱罵，但仍有很多香港市民鮮明支持劉澤基。新學期開學前，孩子所在學校的老師，特意打電話給劉澤基，說學校一定會將警察的子女照顧好，讓他放心。經常有素不相識的市民對他說「支持香港警隊」、「要努力，別放棄」，還有市民要求與他合影，令他感動。

根據警隊安排，劉澤基一家已搬離元朗警察已婚宿舍。這裏目標大，容易被人盯上，孩子還小，沒有能力保護自己，他擔心孩子被人毆打。他搬了家，出行仍是很小心，戴上帽子，戴上墨鏡，遮去大半個臉，孩子不再跟他出門，都由他夫人帶着孩子出門。有時要一同上街，媽媽拉着兩個孩子走在前面，劉澤基就相隔十米、八米在後獨自走，一面被暴徒認出而傷害孩子。以前兩個孩子有很多課外活動，學游泳、打鼓、手工班、畫畫班，都是由傭人姐姐接送他們，現在只能就全部取消了，擔心傭人姐姐沒法保護兩個孩子。他說，他不怕暴徒，「我隨身帶着警棍和槍支，我有足夠能力保護自己，我擔心的是手無寸鐵的家人。」

2020 年 3 月 11 日，元朗已婚警察宿舍。我和「光頭警長」劉澤基坐在宿舍大院門衛一側的後院。

他說，如果不是這場新冠肺炎疫情，他兒子此時應該已去深圳國際學校上學了。相比在大灣區的香港城，劉澤基更喜歡中山、珠海，他說來回香港交通更方便。他和夫人打算把兩個孩子送去內地讀書，也在深圳物色了一些國際學校。兩個孩子還是少年時期，在內地讀書，起碼知道自己是個中國人。你培育一個不承認自己爸爸媽媽、不承認自己是中國人的孩子的話，不就沒了這個孩子，失去了這個孩子，是廢人了嗎？

我問：有報道說，你不是把孩子要送去新西蘭讀書嗎？

他答：從來沒有，完全是一些媒體杜撰出來的。我有親戚在歐洲，不知道媒體怎麼會聯想到我要送我兒子去新西蘭讀書，我從來沒有說過，也都沒有任何申請的行為，我倒是去過深圳找學校。我想媒體杜撰這種言論是想打擊我，想營造出我一邊說香港不好，一邊想投靠西方的效果。我聽說後立即在微博上回應，「為甚麼我在給孩子申請去新西蘭讀書，我本人都不知道？我都希望你能拿出證據給我看」，之後他們就沒有反應了。

我問：你怎麼總體評價今天的香港年輕人？

他答：現在香港青年的心態並不好，其實他們也是受害者。不努力讀書和工作，只知道索取，卻不知道努力，想着不勞而獲，我不想讓我的子女也變成這樣。其實香港也有很多年輕人是理智的、上進的，我和他們溝通過，那些在深圳，在廣東工作的香港年輕人，我接觸很多，他們雖然在深圳也買不起房，但都勤奮努力，會想辦法用自己的能力提升生活水準。我就打算送我的孩子回大灣區讀書，因為朋輩之間的影響不可小覷，此外香港的教育確實出了很大問題。未來香港教育如果不做徹底改革，即使我們今天止暴制亂，明天香港還會回到老路，香港政府應該在教育方面，包括教師教材、教育子女、公民教育等方面能做出改革。當然，現在也有很多看法認為我們的司法也出了很大問題，但我堅信，如果香港教育能改革，教出來的年輕人是講道理、是非分明的，自然就會影響對司法的看法，所以我認為香港最關鍵還是改革教育，然後就能慢慢影響其他領域。

我問：你認為教育改革的關鍵在哪呢？

他答：香港 1997 年之後，中國歷史不再是必修課程，大部分學生都選擇不讀這門課，跟着又引入通識教育。本來引入通識教育的理念沒有問題，但很多學校使用的教材是「黃師」編寫的，教材內容很多都是反對國家的歪理。我看過有的教材這樣寫的：中國這個國家之所以能夠短短在 20 到 30 年間崛起，是因為中國做了很多漠視其他國家的行為，盜用別人的知識產權等，不斷發展重工業使得環境污染，影響了全世界……一些歪理層出不窮，有關一個大國改革開放的努力，一點點正面的內容都沒有。這種知識和意識的灌輸所帶來的影響是潛移默化的，這些孩子長大後他們就覺得中國不好，不認同自己是中國人。

我問：看來你很看重年青人的中國歷史教育？

他答：照這樣下去，香港在未來最少會混亂十年，除非政府能大刀闊斧地改革教育。就是因為不用學中國歷史，還多了通識教育，才導致了現在的情況。國家歷史是必須要學的，美國同樣也要學他們的國家歷史，香港是中國的一部分，怎麼能不學中國歷史？中國有上下五千年的歷史。香港的國民教育要是做不好，大家都不會以自己的國家為榮，那人再聰明都沒有用，都是廢人，香港也是廢的地方。所以我認為最重要的就是國家歷史和國民教育，如果這兩點做不到還不如不讀書。

2020 年元旦那天，劉澤基說：「希望不用再施放催淚彈。2019 年，對於在香港土生土長的我來說，是一個前所未有動盪、悲傷、憤怒、感慨、無助的一年。希望在新的一年，香港的不愉快事件也隨之過去，大家能拋開成見，認清真相，重新上路，暴徒不再搗亂破壞，警方也就不用再施放一枚催淚彈。」

兩個多月後的 3 月 11 日，他又對我說：「希望這場疫情過後，香港不用再施放一枚催淚彈。」

1993 年，劉澤基的警校獎項，包括契富杯（金雞頭）、槍械理論杯及快速射擊盾

林志偉：
「陀槍」男人，紅了眼眶，淌了淚水

林志偉微信的頭像換了。

是一張紅色的中國地圖，明確標明「香港」、「武漢」。

「共克時艱，武漢加油」八個大字，奪目。

一行小字註明：網友從香港送出第 2272714 封祝福。

這一天，林志偉以香港警察隊之員佐級協會主席名義，給湖北省武漢市公安局長致函，題目是《武漢公安加油》。信中說，新型冠狀病毒疫情持續，武漢的情況更為嚴峻。我們從內地媒體報道中得知武漢公安朋友積極參與疫情防控工作，在抗疫最前線無畏無懼竭力阻止疫症蔓延。一句「疫情在前，漢警不退」盡顯各位公安朋友捨己為人的高尚情操及齊心抗疫的決心……中國加油！武漢加油！公安朋友加油！

他北望武漢，又把視線拉回到自己腳下這片土地。

他又以香港警察隊之員佐級協會主席身份發出新聞稿，就派警察搜尋及協助隔離個別旅客之建議而回應記者。他稱，「香港警隊在任何天災人禍發生時都會走在最前線，履行保護市民生命財產安全的天職。在 2003 年沙士疫症爆發期間，警隊已展示無畏無懼的專業精神，執行協助遷移被隔離人士、封鎖高危地區、看守隔離設施等工作。警隊不會抗拒或逃避執行這些拯救生命的工作。作為協會主席，我對於有關建議沒有任何異議。我強調警隊從不會抗拒任何需要我們的工作，不會因環境、局勢、輿論或其他考慮而拒絕或怠忽任何工作，因為警隊是一支專業的隊伍，專業的隊伍自然時刻保持專業的表現，尤其在市民最需要我們的時候我們更不能推搪履行我們的天職」。

林志偉透過 WhatsApp、微信等給媒體朋友發了這封信。

細心的記者發現，林志偉微信上暱稱是：明於識，練於世，忠於國。

香港，我的家，妳還好嗎？五個多月前，熟悉的妳走了，換上了一張陌生的面孔。曾經理性文明，守法奉公的妳，變得暴戾野蠻，任由仇恨支配，動輒到處破壞及使用暴力；曾經崇尚自由，和平表達意見的妳，忽然無所不用其極剝奪他人表達不同意見的權利，只容得下自己的聲音……誠然，我和身邊二萬多位同伴，在很多人眼中只是一些微不足道的小人物，遑論要把妳身上的頑疾治好，但是我們要守護妳的心，從立誓那天起永遠不變。我們不是英雄，我們只是妳的忠實守護者。血和淚都流過了，但我們不懼怕，怕就怕曾經的妳一去不復返。

——摘自林志偉《捍衛家園，血肉之軀未言倦》

香港地鐵太子站，界限街，西洋菜北街，這一帶常常是這一陣黑衣暴徒施虐的場所。早在 1948 年就啟用的警察體育遊樂會，也成了暴徒一再攻擊的目標。

走近遊樂會，兩米高的白色水馬，即「充水式屏障」，一排排豎立，遮掩保護着遊樂會所外墻和大門。林志偉第一次踏進這體育遊樂會是上世紀八十年代的一天。

他是 1984 年讀完預科，在銷售網球拍的運動物品公司工作一年多，人工不低，月薪有 4000 港元，當時做警察的收入是達不到這個水準的。翌年，他卻選擇加入警隊，那是觀賞了電視劇《新紮師兄》，這是無線電視翡翠台時裝警隊劇集系列，這部青春勵志劇，是當年 TVB 十大全球最高收視率劇集之一，在香港首播時引起轟動，令當時投考警察人數大增。

生活中，對一朵花、一片雲的感覺是透過眼睛來完成的；對一個人、一件事的感覺則是透過心靈來完成的。警察是香港電影發展中一個重要形象。當年深入香港人心的是《警察故事》和《陀槍師姐》等港產片裏的警察形象。劇中，警察高效、敬業、獨立、忠誠，很多人至今難忘。

早在 20 世紀初，香港拍攝的故事短片《偷燒鴨》中，就出現一名抓小偷的警察形象。之後到五六十年代，受西方黑色電影影響，偵探片風靡一時，出現 1958 年《香城兇影》等粵語片。之後，香港電影走進黃金時代，大量警察題材電影出現，1984 年《公僕》，1985 年《警察故事》，1988 年《警察故事續集》、1992 年《警察故事 III 超級警察》、1996 年《警察故事 4 之簡單任務》、1999 年《爆裂刑警》、2003 年《機動部隊 PTU》、2004 年《新警察故事》、2010 年《線人》、2013 年《掃毒》、《警察故事 2013》……直到今天，無論職業劇抑或警匪片，無論喜劇、正劇，甚至恐怖片，關於警察的刻畫處處可見，一個個性格各異、處境不同的經典警察形象伴隨光影留在一代代人心中。

2019 年受新冠肺炎疫情影響，香港電影業陷入低谷，不過，一部《時代》令人亮眼。影片從年輕人角度拍攝呈現修例風波實況，對那些曾參與這場事件的年輕人會否帶來另一種反思？

林志偉愛觀賞影視劇，特別是講述警察的題材。

回憶之手輕輕揭起封塵的往事。1984 年 10 月起，每天晚上 7 點，林志偉就和父母、奶奶、阿姨、舅父好多家人一起，守候在電視機前追劇。林志偉家中三兄弟，他還有弟弟和妹妹。父親是巴士司機，母親曾做過銀行職員，更多的時間是家庭主婦。記憶中，電視劇每天放一集。那時候香港家庭普遍是黑白電視，他這個大家庭的電視機是彩色的。他至今還會吟唱劇中主題曲《伴我啟航》：哪吒不怕海龍王，幼獅不畏虎和狼；前途無論會短或長，今天起步信念強……

老歌，永遠的老歌。人的心裏，總是存着很多很多過時了的老歌。那些旋律，總是悠悠，總是沉重，總有幾分說不清道不楚的惆悵，總是帶着歌詞旋律意味之外的東西，總是帶着對逝去了的金燦燦的往昔年華的戀惜。

過去香港有一種「後生仔不當差」的說法。不過，林志偉從小就做過童軍，五年班的時候參加少年警訊，他喜歡警察那種威氣，有個叔叔做輔警方面的工作，林志偉接觸了不少警察舉辦的活動。

上世紀九十年代初期，香港經歷了一段治安很差的階

2010 年防爆演練

與同僚一起執勤中的林志偉

段，當時英國制定相應措施改變警隊體制，警察漸漸滋養着對社會的使命感。當時一年 9000 多宗打警案中槍擊事件不少，因而不具備素質和使命感的人不會選擇警察為職業。香港回歸後，香港警察都認同自己是共和國的一個成員，因而那種信念和使命感更加堅定。

當年，他看了《新紮師兄》就有一種做警察的衝動，警察身上的正義感和使命感令他嚮往。那是多夢的年齡。1984 年 11 月他投考警隊，12 月就入警隊訓練，一做至今 36 年。

青春的激情總會消逝，但白頭之約不容忘記。他說過，他這一生無論心裏裝着多少人物與故事，他總會空出一角，安放一個香港警察的故事。

2019 年 12 月底的一天下午，相約他在遊樂會訪談。我與他初識是在 6 月 25 日，那是這場「反修例」風波半個月之際，在石硤尾警署辦公室，我對他作獨家專訪。

林志偉說，他大部分同袍每天逾時工作，至少十六七個小時以上，前線警察連踩 30 多小時「不眠不休」已屬常態，每週工作五六天甚至根本不放假，沒時間顧及家庭，對家的歉疚、對父母的歉疚、對子女的歉疚、對朋友的歉疚。香港三萬警察，這類事在幾萬個警察家庭發生，家人都顧全大局，知道他們的親人正面對一個香港前所未有的嚴重事件，他們的另一半正在參與香港一個前所未有的正義行動。但沒有辦法，如果警察不作出犧牲，還有甚麼其他人可以如此付出呢？「只有我們警察了。」

林志偉說，「這種看似平淡如白開水的事情，每日都在幾萬個家庭中發生。『平淡是真』是一種回歸、一種體驗，不是一種理由、一種藉口。雖看似平淡，但想想其中的辛酸，那種酸甜苦辣，同家人的糾葛，不只是我一個人在經歷，是這麼多個家庭每日發生的事情」。

有些事情的美，就在於她的平淡。

兩個多月後的 9 月 2 日，原本約定傍晚採訪他，問他能否一起簡餐，他坦然說，傍晚採訪完想回家吃。6 月以來，為對付「黑衣暴力」，工作太忙，好久沒回家吃晚飯了，想回家與家人一起吃，他都想不起之前是哪天在家與家人吃飯的了。

是日，到了傍晚，接到林志偉電話。電話那頭，他的聲音有點蒼涼。

他說：「真不好意思，有突發事件，我實在沒法按時赴約了。」再三商議，採訪安排在晚上 9 點半以後，在他海怡半島寓所附近的一家咖啡館，採訪完，他就能回家。

他這位「主席」，只是香港警隊的代表，用他的話說，「我只是香港三萬名警察的代表而已，我中有他們，他們中有我」。

他說，從 2003 年 SARS，到 2014 年的佔中事件，再到 2016 年旺角暴動，警隊的人沒有散，人心沒有散，這非常難得。警察很愛惜香港，止暴制亂就是想守護香港這個家。所有警察都將中國管轄的香港，視為自己的「根」和自己的「家」。我們止暴制亂的行動就是想保護、珍惜和愛護香港，保護香港的人與物。三萬警察在這次事件中沒有分離過，沒有打退堂鼓，沒有人投降，或者說站到對方陣營去。這其中的原因就是警察有優秀的素質歷史，對社會有承擔，對這份工作有自豪感。香港過往的體制在回歸之後優化了很多，對警隊的要求更高了。

他說，警察遭遇暴徒圍毆，遭遇一些不明真相的市民謾罵，能表現出讓人們，包括很多外國朋友都難以理解的克制與包容，是有深刻的原因的。在這場暴亂中，警察處理的謀略、手段、程序，處理時的情緒，一再表明我們的目的就是止暴制亂，就是想守護這個被視為「家」的香港。

這是一種濃得化不開的正義感和使命感。

說到這裏，林志偉哽咽了，一個「陀槍」的男人，紅了眼眶，淌了淚水，鐵漢盡顯柔情。俗語說，「男兒有淚不輕彈」。男人總是被描述為有剛強的外表與鋼鐵的心，對於許多事物的感受，通常都不會輕易外顯。

秋去了，冬走來。他說起那個月夜，回到家又是夜深了。窗外，午夜的風輕拂起夜幕，撩落一顆凡星。他感到累了。他回憶說，「那天我真的感到有點累，是心累，是思緒累。有時覺得這個漩渦為何要牽引得我這樣緊。有時夜闌時，看着身邊的人，會問自己，退下吧，總會有人做，總會有人處理，雨要下你阻不了，情況要變你攔不住。放下吧。沒有你世界一樣轉」。

夜風襲來，涼涼的，今夜確實有些冷了，這樣的季節，這樣的清風，再加上這樣的心情。這思緒一湧現，總是神傷。「望着月亮，再靜下心。我想，世上每人有各自角色，我今天處於此角色，是神的安排，不前不後，不早不晚。是一種使命，我腦中閃出的『使命』兩字又重燃我的精神，喚回我繼續愛香港，愛大家的心。有你們的支持，有你們的愛護，前面的路再有多難辛，惡毒污衊，我也會繼續與大家共同走過。我愛香港，我愛大家。」

是啊，人生不過爾爾，何必在意那麼多。這世界上只有一個月亮，是圓是缺，或明或晦，只是月亮自己的故事。

遞他一杯咖啡、一張紙巾。他頓了頓，凄然的笑一笑：「不好意思。」接着，他緩緩的，一個字一個字說，「沒有辦法，如果我們警察不作出犧牲，還有誰能走到這一步呢？如此付出的，只有我們警察了，警察是維持香港社會穩定的最後一道防線，維護法治和社會治安責無旁貸」。

> 香港警察，一直堅守政治中立的守則。守則要求我們不論本身的政治信念為何，公務員必須對在任的行政長官及政府完全忠誠，並須竭盡所能地履行職務。在履行公職時不得受本身的黨派政治聯繫或黨派政治信念所支配或影響……自6月12日發生暴動事件後，警務人員承受巨大壓力。同事被當街指罵、其他部門工作上不合作、食肆商鋪拒絕招待、自己及家人遭網絡欺凌和恐嚇等。警察，成為了政府的代表，默默承受着暴徒的指罵、羞辱、襲擊和無窮無盡的報復。即使再堅強，在我們心中也會有怨言。各位同事，香港正面對最困難的時刻，我很感謝你們對香港所作出的努力，為香港歷史記錄了重要的一刻。今天，我們要繼續緊守崗位，保衛我們的香港免再受政治的蹂躪。我們是香港警察，我們問心無愧！
>
> ——摘自林志偉致各會員的信《無怨的信念》

這是另一位警察。是林志偉推薦給我採訪他的。

2019年12月20日，也是在警察體育遊樂會，餐廳室外咖啡座。在醫院再次做聲帶手術的警長阿力（化名）剛剛出院，翌日，就在妻子陪同下赴約接受我專訪。他的聲音微弱沙啞，唯有靠近才能聽清，便裝下的面容顯得憔悴。

那是令人揪心的一幕。10 月 13 日，有「十八區開花」罷賣活動，過百名黑衣暴徒聚集觀塘一家商場快閃破壞，阿力奉召到觀塘港鐵站執勤，處理一宗刑事毀壞案件。準備離開時，一羣黑衣人尾隨叫囂，嘈雜的人羣中，突然伸出一隻持刀的手，直刺阿力頸部。

阿力感覺被劃了一下，回頭看見一隻黑衣手拿着刀，於是馬上趨前截住他，制服了那個黑衣人。

他回憶受傷那一刻：「只是感覺到頸部被人割了一下，最初痛感不是那麼強烈。」直到發覺自己的衣服被血浸濕了，他才看到自己腳下的地上都是血。

阿力才下意識按住傷口，同袍也都圍過來，看到身邊的同事很緊張，他才明白自己傷勢或許很嚴重。

他說：「當時同事都過來幫我卸掉裝備、頭盔，想找有甚麼乾淨的布幫我按住傷口。我腦海裏沒想任何事，只覺得周圍很吵。到了醫院，我都沒感覺自己會死，當看到我太太來了，我才在想，會不會自己要走了，留下太太和孩子。」

到了醫院，醫生的診斷證實：他的右頸被割開一道深 5 厘米的傷口，靜脈及迷走神經線被割斷，幸運的是沒有割到頸動脈，才撿回一條命，在鬼門關死裏逃生，但卻喪失了原有聲線。由於迷走神經支配呼吸系統、消化系統的絕大部分和心臟等器官的感覺，受損後影響吞嚥和呼吸，導致阿力經常咳嗽，胃部有胃酸倒流，神經還需要慢慢生長，右聲帶有些萎縮，造成阿力講話沒氣，聲帶康復需時較久，至少要接受半年的言語治療。手術成功，靜脈和神經線重新接上。此後幾天，阿力躺在重症監護室，才感受到強烈的陣痛。

他回憶說，「我雙手被綁住，因為醫護人員擔心我會抓到傷口。醫生用嗎啡幫我止痛。藥效過後，從未有過的那種痛，我不知道怎麼形容」。

阿力回憶着說，妻子阿 May 在一旁傾聽。她又浮現心有餘悸的擔憂神色。她是個特別的女子。有的女人你見過多次，可那五官輪廓就如黑板上的粉筆字一樣容易抹去，而她的模樣卻讓人過目難忘。

她說，當天她正在家帶兩個孩子，大的孩子才六歲。她嚅嚅道，「他同事的太太打電話給我，說他們那隊有人受了重傷，讓我趕緊打給老公看一看，我就即刻打電話，卻沒人聽，後來接到他同事用他手機打來的電話說他受傷了，我趕緊趕到醫院，那時他跟我講話聲音已經沒氣了，之後做手術，等了四個小時才推出來，我忍不住哭了很久。差一點點，兩個孩子就沒了爸爸」。

她抹着眼淚，陽光下的咖啡座，樹上鳥兒低鳴。那是一種細密無奈，是一種百轉千迴，是一種隱痛傷懷。

他們子女知道爸爸頭頸受傷，但阿力沒有告訴孩子受傷過程，他覺得最大的孩子才六歲，還不是很理解這些事情，「我也不想讓他們知道香港這麼暴力，雖然這個是事實，但我不想讓他們知道，有這麼多人用如此暴力手段去對待警察和市民」。

阿力接過話題說，希望自己能儘快回到前線和同事一起繼續抗暴。阿力中學畢業就報考警察，20 多年的警察生涯，由初級警員做起，接受過兩次機動部隊防暴訓練。「這半年來，同事顯得更為團結，前線同事身心壓力很大，我們有專業訓練，針對暴徒致命的暴力行徑，我們使用武力是相當克制的，完全是被動的。」

仇警歪理持續滋長數月，香港不時出現落單警察遭暴徒圍攻的兇相。作為衝鋒隊的一名警長，阿力每次帶隊出勤都擔心有同事因掉隊而遇襲，因此通常安排同事先行，自己殿後。「我要確保我的隊員齊齊整整地離開，所以我要留守到最後」，他說，即使自己受襲，但如果讓他重新選擇，他仍會這樣做。

阿力中學畢業後就報考了警察，20 多年來都在前線工作，他依舊希望自己能夠很快返工，到前線和他們一起工作。談及同事們這半年的表現，他認為大家變得更為團結，彼此的歸屬感都高了很多，「這半年時間，前線的同事身心都受到很大壓力，面對長時間工作的壓力、和朋友之間相處的壓力，影響到他們和家人團聚的時間，但他們還是很團結，大家都知道很辛苦，但都不會逃避我們的工作，逃避我們的責任。」

他更強調香港警察的專業及克制：「我們在警察學院接受了 27 個星期的專業訓練，這個專業訓練，除了執行警務工作上的基礎知識，還有給我們一個良好的價值觀。作為一個警察，除了有一份對警察的知識，價值觀是很重要的，起碼知道是與非。這半年大家見到示威者暴徒用怎樣的暴力，擲磚和汽油彈。我們警察相應被動做出同等武力，我的同事都很克制，只是適當武力。」

警員需長時間執勤，這半年來成了日常事。阿力也不例外，他 30 多個小時「不眠不休」執勤，回家休息 5 個小時後又去上班執勤，「我們正常執勤是 10 至 12 個小時，但這半年來真的是很辛苦，可以說站着都能睡着，唯有用意志強迫自己撐住。」阿 May 說，「我每天都擔心他撐不下去。每次他執勤完回家休息，我都盡可能帶兩個小孩上街，以免嘈吵聲影響他睡眠」。

用鎅刀割右頸的施襲阿力的許添力，只是個十八歲的高中生。他生於內地，九歲移居香港，正就讀中六，將於 2020 年 3 月應考文憑試。那天在東區裁判法院應訊，被控一項有意圖傷人罪，裁判官最終拒絕保釋申請。現場竟然有數十人到庭旁聽以示聲援，散庭時他們還向被告大叫「加油，撐住」。

對於襲擊者的是個十八歲青年，阿力說，他沒有「恨意」，不會憤怒抱怨，只是不明白對方為甚麼要這樣做。說起那個年輕的「兇手」，阿力顯得平靜，顯得平和，沒有歇斯底里的憤怒，這正是警察專業的體現。他說，「這幾個月，有些大學生、中學生用很暴力的手段襲擊警察和無辜市民，破壞商舖。不理解為何他們會這麼顛倒是非，用暴力解決問題。他們失去常性，被人利用。有人說他們是因為對香港絕望，但不論甚麼原因，都不應該用暴力來解決，我不相信老師、父母會教他們用暴力解決問題，我覺得還是香港的教育制度出現了問題。」

阿力希望香港盡快回復和平。「維護法紀，除暴安良，是我工作，任何地方都沒可能沒有警隊，香港是我家，我一定好好守護」，他堅定地說，「我不會退不會縮，希望社會能反思，為甚麼允許仇警思想蔓延？任由不實訊息傳播？」警察是執法者，並不涉及任何的政治爭執，「有人犯法，我們就要處理」。

阿力當時被送往聯合醫院接受手術，由於沒有安靜的私人病房休養，只能躺在八人的大病房，家人都很擔憂，他們想轉去私家醫院，但很多醫生不願意治療警察病人。倍感無助之時，最終是香港員佐級協會幫忙找到醫生治療，阿力才轉到私家醫院。阿力説，很多警察受傷，警察部福利組都提供了支援，「我受傷後有很多同事來支持我，為我提供很多醫療手段，很感謝他們。」這些日子裏，不少內地網民紛紛捎來問候與祝福。阿 May 展示一張帶來的立體天安門賀卡，她輕輕打開，展露笑容：「這個真的很漂亮，我們會珍藏的。」

阿力只是受傷的警員之一。自 2019 年 6 月 9 日至 11 月 29 日，共有 483 名警務人員在行動中受傷，截至 12 月 26 日，共有逾 530 名警務人員在鎮暴中受傷，有警察被暴徒咬斷一截手指，有警察被利箭射穿小腿⋯⋯

10 月 1 日，屯門有大批暴徒用鏹水槍及通渠水彈等新招突襲警方。不少警員雖穿上厚厚的制服，仍被通渠水腐蝕受傷。有警員被通渠水射中，令身上及背部大範圍受傷，全身通紅及脱皮；有警員遭淋鏹水液體達三級燒傷，做了十多次手術，每一次都痛到死；有警員的手指被通渠水濺中，制服亦似被腐蝕燒焦⋯⋯屯門有警員「小虎」(化名）被腐液淋中致身體多個部位三級嚴重灼傷，右手神經壞死，急需植皮手術，時隔 34 天，即 11 月 5 日，他在微博貼圖展示經植皮後逐漸康復的手臂，表示會「咬牙堅持下去」。

11 月 17 日，黑衣暴徒連日在理工大學附近堵路，當日再爆發衝突，持續以致命武器包括磚頭、弓箭、汽油彈等攻擊警察。期間一名警察傳媒聯絡隊隊員正與傳媒聯絡工作時，在距離理工大學近 30 米處，被箭射中左小腿，鮮血如注。

10 月 4 日，在元朗遭暴徒圍毆擲汽油彈擊中的商業罪案調查科警員阿橋（化名），事後回憶說，當第一枚汽油彈在腳邊爆破後，他整個人身陷火海，火舌比他人還高，好在一瞬即逝，只造成手部一級燒傷。11 月初他在《警聲》撰文稱，「眼前大多是十多二十歲的年輕人，面對他們，我不帶恐懼，縱然受襲，也不帶一絲恨意……我能理解真正的暴力，並不是我眼前的年輕人，而是隱藏背後，坐收漁人之利的鼓動者」。

明明我們是社會秩序的忠實守護者，我們偏偏被加上虛構捏造的罪名；明明我們不是任何政治訴求的敵人，我們偏偏被塑造成埋沒良知的政治工具；明明我們遵循公義行事，偏偏社會上公開聲援我們的人少之又少；明明我們站在政府最前線與暴徒周旋，偏偏沒有任何強而有力的措施和支援配合我們的工作；明明我們是警察，偏偏反被十惡不赦的人誣衊為社會的公敵。在這些日子裏，無力感不時湧上心頭。我們想大聲吶喊，對我們遭遇的不公不義作控訴，但為顧全大局，我們又只好啞忍下來，我們只有選擇無聲吶喊。血、汗和淚都流過後，我們又再重新出發，為香港的法治和未來繼續打拚，但願決策者早日面對現實，痛定思痛，認清當前突破當前局勢的各種所需，以強而有力的措施和行動配合止暴制亂的工作，盡快恢復社會的秩序。

——摘自林志偉《主席隨筆：無聲吶喊》

香港三萬警務人員，女性警察約有五千人，佔總警力的一成七。聽女警們說，都過去半年了，記得最累的時候，沒等脫下全身防暴裝備，便戴着頭盔睡着了，但她們無怨無悔。她們說，守護香港法治，是她們堅守的信念；香港回復安寧，是她們最大心願。深水埗警署是暴徒重點攻擊的警署之一，深水埗警署軍裝巡邏第二小隊警長陳秀欣，身材還沒有豎起的盾牌高，從警 20 年，面對暴徒無畏無懼，2019 年 9 月警署被圍攻時，她射出從警以來第一發催淚彈。她說，「我不是要傷害對方，但我必須保護警署和其他人的安全，我問心無愧」。

林志偉說，你可以採訪女警馮雪蕙，聽聽她怎麼說。2019 年 6 月 25 日，大陣雨後的傍晚，在九龍大坑西街西九龍機動部隊行動基地見到她。

馮雪蕙長着一張稚氣的年輕臉龐，她從事警察工作已經第十一個年頭。她任將軍澳警區訓練及職員關係主任助理 (ATSRO)，是警隊後勤人員。從警校畢業後，她曾供職軍裝巡邏小隊，之後加入俗稱藍帽子部隊的機動部隊 (PTU)，在前線接手眾多案件，經歷過六年前佔中時被圍困的困境，後調任東九龍衝鋒隊 (EU)，也歷經旺角暴動的博弈。

雖然她已沒有太多機會出現在前線一同作戰，但她依舊心繫着前線的同事。6 月 21 日，眾多年輕示威者將香港警察總部團團圍住，長達 16 小時。她說大樓裏有她當年一起於警校受訓的同學，看着直播的畫面，她不僅為他們擔憂：「這些包圍總部的人完全沒有考慮到裏面警察人的安危。他們的行為很低級。我相信不是所有人都想這麼做，而是被其他人所影響了。」直播畫面中，站在最前線的警方發言人被激光筆瞄準着眼睛，於是他不得不低下了頭，而他敦促示威者離開的話語，也被淹沒在嘲笑與哄鬧聲中。

離開了最前線的工作，僅作為後勤部隊一員的馮雪蕙，依舊承受着身旁人給她的壓力。在與親友的網絡聊天小組中，她的旁系親屬紛紛在網絡上直言不諱地對警察謾罵與侮辱。她痛心又無奈地說：「除了我的父母和妹妹非常支持我以外，其他的舅父、表妹表姐全都是反對的。有時候他們都當着我的面罵警方，完全不尊重我的想法，似乎是故意說給我聽的。現在我們都很少在會話組裏談論政治的事情，我很傷心，為甚麼感情可以因為政治而變得這麼僵呢？」

馮雪蕙的先生也是一名警察，此次事情發生後夫妻倆都忙得焦頭爛額，「每天都不知道幾點收工，總之一定是超過 15 個小時的。在 11 日衝突很激烈的時候，甚至是 30 至 40 多個小時」。孩子才一歲半，他倆忙得常常都顧不上孩子。孩子快要上幼稚園了，談起對孩子的影響，她不禁皺起眉頭說道：「我們警察也有小朋友，所以大家都很擔憂將來會怎麼辦。我們本來是一個受尊重的職業，但是現在孩子卻因此也受到負面影響。孩子成長時期，老師是很重要的，我很擔心我的孩子未來也可能和同事的孩子一樣受到欺凌。」

那天，她說，在社交媒體上，警察成了人肉搜索對象，這次事件才 20 天，已經有 400 多名警察的個人信息遭「起底」被公開。警察成了反對派重點矛頭指向，他們不僅要挫敗警隊堅守執法的意志與士氣，更要透過此譴責當局決策和行為。她說她百思不解，「警隊配有心理醫生疏導，大家情緒都很低落。這幾天，在飯堂中午吃飯時我常常聽到同事們在歎氣，明明我們也想和平與安全，使用適當的武力也並非我們主動，是對方先施行了暴力，為甚麼警察會遭受今天這樣的對待呢？」

她說：「我同事在前線忍辱負重，我雖在室內後勤，但心始終與他們同行。面對香港社會的亂局，我仍相信法治，因為香港擁有一支文明警察隊伍。」

這是網絡「人肉搜索」。警察的家人遭到「起底」，孩子在學校遭到欺凌。採訪幾位女警，她們的個人資料都被惡意洩露過，有的是與家人的合照、她們的身份證、家庭住址、電子郵件等都被曝光。警察們上班時停在警署內的車，都有人在遠處用長鏡頭拍下車型和車號，然後這些照片就會出現在策動暴亂的網站上。為了讓家人平安，很多警察停車後，會用布把車牌蒙起來。每天下班回到家門口，都會下意識地「東張西望」。

有組織罪案及三合會調查科高級警司李桂華 9 月 4 日披露，6 月以來不到三個月，已經有 1800 名警察及家屬被「起底」，恐嚇主要來自互聯網。有學者估計至少有五六千警察與家屬被「起底」。香港私隱專員公署 12 月中旬披露，自 6 月至 12 月 12 日，已接獲和發現 4359 宗「起底」及網絡欺淩的相關個案，已將 1402 宗涉嫌違反《私隱條例》的個案，交予警方作刑事調查和考慮提出檢控，警方已就當中 4 宗拘捕 5 人。4000 多宗被「起底」的個案，涉及 16 個社交平台及討論區，被起底人士中，警察及其家屬是受影響人數最多的單一組別，佔整體案約三成六，表態支持政府或警方的公眾人士，也佔整體被「起底」個案的三成。

香港金鐘添馬公園，2019 年 6 月 30 日下午，撐警集會。暴曬下的地面蒸騰着熱浪，惟有樹蔭下尚有幾絲微風掠過，擾動了周遭炙熱的空氣。人流從四面八方湧向草地中央的宣講台，手舉標語、橫幅，高聲呼喊着口號。行進隊伍的兩側，警察們在烈日下維護着秩序。6 月的天氣總是變幻莫測，暴雨傾瀉而下，頃刻間視野裏朦朧一片，人羣沒有散去。一個個不相識的市民撐着雨傘跑到正在甬道旁站崗的警察身後，高高舉起雨傘，默默站在警察身後為他們撐傘避雨，這是雨幕裏最美的一道風景。這一幕映入警察家屬 Flora 眼裏，她不禁動容落淚。

Flora 對我說，她未曾預料添馬公園的撐警集會有如此多的市民參加。她是警察家屬，她先生是 PTU 警察機動部隊（俗稱藍帽子部隊）一位指揮官，在一線維護香港治安，卻被人罵作「黑警」，她想不明白在當今社會，警察為甚麼會受到如此待遇。「仇視警察是無法令人接受的事情，為甚麼那幫暴徒可以被人美化成英雄？這完全是顛倒了是非曲直、黑白觀念。」她有些忿忿不平。

Flora 一臉無奈，「我現在不敢跟人說我是警察家屬，甚至不敢討論相關話題，怕會引起不必要的矛盾，多一事不如少一事。」她很慶幸自己不住在警察宿舍，如果住在警察宿舍，打車或者坐巴士一定會選擇提前或者遲一站下車。正常的生活秩序被打破，無辜的人受到牽連，警察及其家屬何時成了「過街老鼠」到了人人喊打的地步？

從 6 月 9 日到現在已經超過 3 個星期，Flora 和先生團聚的時間不超過五天。作為機動部隊的一員，她先生在面對集會暴動時往往需要站在最前面。最初還能從先生口中得知他自己的情況，漸漸地她就只能從電視畫面中尋找她先生的身影。Flora 的先生不願妻子為自己擔驚受怕，索性選擇了緘默。然而他也控制不住自己對家人安全的擔憂，「因為見到太多暴力的場面，我先生叫我們小心，叫我們注意安全。最重要的是千萬不要去金鐘、旺角等人多的地方，盡量留在家裏，在家附近吃東西，女兒上學也要小心」。PTU 警察在一線維護香港治安的間隙還要擔心家人的處境，其中辛酸大概也不為外人所知。

起初 Flora 並不相信那些示威者會襲擊警察，「我相信他們都是和平示威，我真的相信。只是後來事情發展實在超出我想像。大家都親眼目睹了那些暴徒用磚塊、長籤等武器去攻擊警察」。無疑她看到這一幕發生時內心是震驚的。

「淪落」一詞本是用來形容被驅逐流落，陷入不良境地的人。但 Flora 多次用該詞去表達對香港警察現狀的無奈和痛心。「我相信全世界沒有任何地方的警察像香港警察一樣『淪落』至如此境地。我很少用『淪落』這個詞，但香港警察總部被人包圍、叫囂，甚至連警徽都被人拆掉時，警察們卻只能忍耐。某種意義上我很贊成『警察是隻狗』的說法，如果在面對這樣的情形和境況時，警察仍然不能採取任何反抗，同一隻狗又有何分別呢。我的狗都可以叫，但警察卻甚麼都不能做。」理智使她平靜地與記者對話，可發生在警察身上的一切卻令她心寒，以至於身為家屬的她，只能用自嘲的方式掩飾內心的波瀾。

香港成為「謊話之都」，別有用心的政客和社會人士為達到不可告人的政治目的，每天堆砌謊言抹黑政府及警隊。2019 年 6 月至今，有人不斷捕風捉影，大量捏造子虛烏有的指控，並鋪天蓋地般以各種手法宣揚這些無事實根據的「文宣」，意圖迷惑人心，尤其是那些心智未成熟的人。這些自翊受過良好教育的政客和社會人士不但沒有阻止流言蜚語加深社會撕裂，反而繼續煽風點火，助長這些謊話隨仇恨蔓延。

這些人不乏現任或候任的議員，當中有人在近日遊行活動前後向傳媒稱只要警察克制，遊行便會和平進行；又謂警方刻意製造混亂，市民不信任警方；又叮囑港鐵不要隨意停止服務云云。這些言論將過往衝突的始末因果倒轉，顛倒是非，歪曲事實，居心叵測……誠然，我只是一個不諳政治的警察，只懂以血汗為社稷賣命，但我深信以連篇謊話蠱惑人心絕不能換取理性市民的信任和支持，更不能達成某些人口中的崇高目的。

——摘自林志偉《主席隨筆：真的假不了》

仇警、辱警、黑警、咒警，往往以謠言開始，造謠，信謠，傳謠，很多說法完全是污蔑和誇大，抹黑警隊，激化警民矛盾。幾個月來，亂港派、縱暴派文宣反覆炒作「八・三一太子地鐵站死人」的謠言，以煽暴仇警，先是謠傳三名暴徒失蹤，然後又變成六名暴徒被打死，接着三度改「劇本」，變成有七名死者，再「升級」至最新説法「九人死亡」，新謠言是新屋嶺扣留中心出現所謂「被捕者遭毒打」，「有一名中學女生被抓去新屋嶺後，遭四個以上香港警察輪姦」，「警察催淚彈產生二噁英毒害街坊市民」。儘管警方、消防、醫管局、港鐵均在記者會上一再澄清當日站內並無死亡個案，被送往新屋嶺扣留中心的被捕者中亦無死亡個案。有媒體根據網上提供的死者名字和地址完全是偽證誤導，也不見有死者家人出面，被「強姦」的女中學生至今連個影子都不見。至於催淚彈產生二噁英，有關機構再三澄清毫無科學依據，事實上卻是暴徒扔出燃燒彈才產生二噁英。示威者卻至今仍藉此不斷散播仇警思想。

當下香港「假新聞」氾濫。止暴制亂工作的一大難點，在於網上大量假新聞、假消息亂飛，完全沒有任何監管，受不到遏止，假消息肆意抹黑政府及警隊，令暴亂長久無法止息。過去二百天來，香港充斥荒謬絕倫的謠言，例如至今匿藏不露面的「布袋彈爆眼少女」事件、「暴警鬧市開槍掃射」事件、「用火車將示威者送回大陸」事件、聖誕暴亂旺角長安街「男子避警『不想被消失』而墮樓」事件……盡是子虛烏有，倒果為因，假新聞滿天飛。由於香港現行的法規未能有效規管，導致別有用心者每日都「生產」大量假新聞，作為攻擊警隊、煽暴挑恨的工具。

這場暴力運動，是煽暴派、縱暴派將黑手伸向學校、荼毒學生惡行的一次大暴露。長期以來，激進「黃師」利用各種機會，以偏頗資訊甚至謠言誤導、煽動學生仇警、反政府，連天真無邪的幼童也不放過。

真道書院助理校長戴健暉、嘉諾撒聖心書院通識教師賴得鐘、賽馬會官立中學教師譚玉芬、元朗公立中學校友會小學教師蔡子烯……一宗宗被揭發發表仇警言論，荼毒學子。之前有揭發幼稚園老師以動畫方式，向學生散播仇警意識；有補習導師編制「警方濫暴問題」的初中英文教材在網絡上流傳；有家長帶五歲幼童參加港大同學會小學面試，面試後孩子竟稱「警察是壞人」，家長懷疑在面試時有人向小朋友灌輸仇警，於是向教育局投訴。

林志偉說，很多人，起碼過百警察的子女被同學、老師欺凌。明刀明槍的好對付，這樣的軟性欺凌就很難對付。學校方面，有一個警察同事在走路時拆槍取子彈時被記者拍到，相片被其他同學搜出並在班級通訊羣組內公開，羣組內的老師不但沒有持平處理，更以言語鼓動，令該學生受不住語言暴力和精神壓力而退出羣組，但其他同學繼續在羣組內指罵。有個警察的小孩上幼稚園高班，幼師帶頭打小朋友，竟令他胸口瘀血，說「你的警察爸爸就是這麼打人的」。

林志偉頓了頓，繼續說，警察在醫院的遭遇。在止暴制亂的日子裏，很多警察向他投訴他們在香港醫院的遭遇。林志偉說，目前警察同袍去醫院大致有三種情況。一是警察在工作時受傷，去政府醫院救治；二是自己有疾病需要去醫院治病；三是因為工作需要去醫院執行任務。警察投訴的情況有：受傷去醫院治療，有醫護會故意怠慢你，把你丟一邊，你沒有坐的地方，穿着警服站在大廳裏，這種時候往往有人對着警察拍攝，然後大聲說這裏有警察來看醫生，只要警察走過時，就會有醫護喊「POPO」，有必要如此大聲引起大家的注意嗎？警察也會生病看專科，原本都是三個月複查一次，醫生就詢問他的職業是什麼，在得知是警察後，就說沒有甚麼問題了，你以後都不用來複查了。結果警察病情愈發嚴重，換了一家醫院去看，醫生說怎麼拖了那麼久才來治療。還有一種情況，有時候被警察拘捕的人需要留醫，警察就需要看押這些人，就有護士不給警察座椅，警察只能站着等……林志偉說：「這類投訴很多，我認為專業人士就應該用專業精神來工作，管理層應該加強監管，但醫院高層不作為。」

香港原本是東方之珠、風水寶地。香港警察是香港社會的「定海神針」，是香港市民的「守護天使」，所以香港一直以來都很穩定安全。踏進 2020 年，經濟學人智庫評選 2019 年全球城市安全指數，香港排名跌至 20 位 (2017 年香港排名第 9)，只有市民個人安全還排在第 3 名，正是因為這些暴徒的出現，他們的所做所為才使得指數狂跌。

素來，香港在亞太區宜居城市榜上總是名列前茅。豈料 2019 年一場修列風波，令香港宜居排名直插谷底。全球外派人力資源顧問機構公佈的東亞區外派僱員宜居城市排行榜，香港排名由 2019 年第 41 位急速下跌了 52 位，至 2020 年的第 93 位。藉修例風波發動的黑色暴力運動，令經濟受衝擊、法治治安遭受破壞，全球宜居排名插水不意外。

其實，2014 年 9 月那場 79 天的佔領中環「雨傘運動」，已令香港不宜居了。2016 年 6 月，香港思匯政策研究所發表研究報告，調查顯示有 66% 的香港人覺得香港並不是孩子成長的理想地方，相對上海和新加坡各只有 16% 和 13%。有 42% 的港人說有機會的話會離開香港；而上海和新加坡，分別只有 17% 和 20% 說會離開。七成的香港被訪者覺得香港的生活環境在惡化。

歲尾年初，香港卻罪案頻發，從錶行、金行到街頭搶劫，治安問題令人憂慮。據數據顯示，近半年來，香港的金行及錶行搶劫案持續飆升。輿論普遍認為，隨着香港暴力衝突不斷加劇，香港警隊抽調大量人手應對，因而有不少匪徒趁亂搶劫。據警方統計數字，此類搶劫金行的罪案每年只有 2 至 5 宗，即便是 2019 年上半年也只有 1 宗，但僅僅 11 月就已經先後發生最少 6 宗相關劫案。

2019 年上半年的整體罪案數字，較上年同期下降 4.7%，是 1977 年有記錄以來最低。但自 6 月「修例風波」後，罪案數字急升，令 2019 年首 11 個月的整體罪案，較 2018 年同期上升 4.2%，其他刑事案件也大幅上升。由於警方花費大部分警力處理暴徒罪行，令市區巡邏警力變得薄弱，近期急升較嚴重罪案，其中爆竊案上半年數字原本按年下跌 3%，但下半年急升，截至 11 月底全年倒升 44%；劫案由上半年原本下跌，首 1 個月倒升 28%。

過去的 200 天，香港突然劫案頻頻，換一個角度看，香港警方將重點警力部署在對付暴亂了，香港的社會治安就會異常，可見香港警方不可或缺，可以說警察是當之無愧的香港「守護神」。香港之寶法治精神。法治是香港繁榮穩定的一個基石。這是香港社會最重要的核心價值之一，不容褻瀆。

香港警察成立於 1844 年，1967 年至 1997 年被稱為「皇家香港警察」。香港警隊是由香港警務處處長領導的一支包括正規警察、輔警及文職人員在內超過 36500 人的隊伍。據香港政府統計，香港警務處人員佔特區政府公務員隊伍的近 1/5，是實際人數最多的政府部門。據悉，警務處雖隸屬於香港特區政府保安局，但在維持香港社會秩序和穩定方面發揮重要作用，因此警務處處長職位被列為特區政府主要官員。警察機動部隊「藍帽子」、特別任務連「飛虎隊」、有組織罪案及三合會調查科「O 記」、女警內部保安連「紅粉部隊」，此外，還有「衝鋒隊」……經常看香港警匪片的一定對這些名詞不陌生。他們是香港的幾個警種，在不同場合各司其職。

林志偉囑我看看幾段視訊。香港警察微博發出超過 1000 條帖文，警方特別製作多條視頻宣傳片段，都以香港經典電影場口為主題，由現役員警傾情演繹，手法輕鬆。

「我是警察，哪個知呀？」電影《無間道》中劉德華與梁朝偉的經典場面，由兩名現役警察飾演。旁白中提到「香港警察已經出了 1000 多條微博，還有 41 萬位粉絲，快點成為其中一個，在香港警察微博中找這個大哥的身影吧。」另一段短片是仿照《翹課威龍》，長官要主角找回一支遺失的「善良的槍」，這時旁白道，查案其實有好多種方法，又指香港警察發佈的 1000 多條微博中，出了最多的關鍵字是「公正無私」、「專業」、「關懷」，「大家進去香港警察微博，看看如何公正無私查案。」香港警察微博自 2019 年 1 月 29 日開通，至 2020 年 10 月 24 日，

40 多萬粉絲中三成來自廣東地區，閱讀量超過 2300 萬。

被稱為「一哥」的鄧炳強是 2019 年 11 月 19 日接任香港警務處長的。警務處網站上的口號，已由沿用了 20 多年的「服務為本，精益求精」，改為「忠誠勇毅，心繫社會」。其實，新口號曾於 2019 年 5 月警隊 175 周年紀念特刊封面出現過。「強人一哥」鄧炳強上任後展示「強勢」，多次披甲上陣，前往前線督師，提振警隊士氣。他一再強調，止暴制亂會採取「剛柔並濟」、「因時制宜」的策略。

香港警察，是香港社會的「定海神針」，是香港市民福祉的「守護天使」。

警察既要面對暴徒執法抗暴，又要保護市民生命安全，承受身心的巨大壓力和傷害，勇於承擔，無畏無懼，克制包容，懷着使命信念，秉持專業精神，履行警隊誓詞中「不對他人懷有惡意」的理念。這是 2019 年最被扭曲、被辱罵的羣體、也是最被仰賴、最被敬重的羣體。就是這支紀律部隊，防止更多的地鐵、交通燈、商鋪被打砸，破獲了多少的私藏武器、搜捕了多少的汽油彈，打通了被堵住的公路與隧道，保護了多少被黑衣人所毆打的市民……在這 7 個月香港的政治風暴中，讓香港人尋回免於恐懼的自由。

2020 年 10 月獲頒「香港警察榮譽獎章」

香港警察是法治社會的符號，深入人心的是《警察故事》和《陀槍師姐》等港產片裏的形象，劇中警察高效、敬業、獨立、忠誠，很多人至今難忘。立法、司法、執法構成法治基礎，三者缺一不可。警隊既是站在執法的最前線，也是整個香港的最後防線，是實施有效管治的重要隊伍，沒有強而有力的警隊，法治便成了「無牙老虎」，香港就跌入萬劫不復之地。

10 月那個月夜，林志偉從北京回到香港，受邀參加北京國慶 70 週年活動，他是香港警隊十名代表之一。他放下行李，和家人聊了一陣，便步出家門。離開香港幾天，他在北京天天追看香港暴亂的新聞，天天念叨着戰鬥在前線的同袍。

香港，海旁長堤。靜悄悄的月夜，朦朧朧踏入他的懷抱。

分別才幾天，夜色依舊。

他望着東博寮海峽，大海沉默依然，點點漁火映襯在遠方。大海是包容的。

林志偉的手機響了。媒體朋友打來的。

夜色中，是他拿着手機的剪影，只聽到他對着大海在說：對任何人而言，當你珍惜愛護一樣東西時，你都會以最大包容的心態去處理。透過這幾個月，可以看到止暴制亂中，香港警察就是以最大包容心來應對的。在處理暴動這麼長時間裏，竟然沒有因為警察的原因而死一個人，全世界都感到不可思議。

一年後的10月1日，對林志偉而言，也是個重要日子，

這一天，香港特區政府公佈2020年授勳名單，這是香港回歸以來第23份授勳名單，共687人獲嘉許，人數創回歸以來新高。名單中，近百名警務人員獲嘉許。林志偉獲頒「香港警察榮譽獎章」。特首的嘉獎令稱他「服務香港警務處逾35年，表現出色，克盡厥職，堪稱典範」。

媒體紛紛採訪他。林志偉說，2019年6月起香港被黑暴籠罩，警員及其家人飽受非法「起底」騷擾，承受巨大壓力，如今獲得這份榮譽不只是屬於他個人，更歸於所有警員及其家人。林志偉說，「非法佔中」、「旺角暴亂」，同反修例風波相比，好似「小巫見大巫」，經歷了反修例風波的警隊，「鳳凰般浴火重生，警察的堅毅同團結程度達到前所未有的高度，再有任何類似黑暴這種情況出現，警隊處理會更加得心應手，讓香港盡快恢復寧靜。

是日，我微信給他，祝賀。榮譽感是一種催人奮發、催人自強的心理。

他回微信說：找到自己，形成自己，表現自己，從而貢獻自己。我就是我。

《在黑夜點燈》小記

在黑夜，迷惘和不安的時候，望一眼燈光，能給人帶來無窮的力量與希望。剛過去的一年，在香港的我們，更需要燈光。

書名有「點燈」兩字。想起與「點燈」相關的歇後語：飛機上點燈——高明；褲襠裏點燈——英明；瞎子點燈——白費蠟；黑夜點燈——有影無蹤。不過，書中的六位人物，卻有影有蹤，何君堯、冼國林、林志偉、劉澤基、高松傑、李凱瑚，在香港各個角落，每天都能看到他們忙碌的蹤影。雖忙，他們還是一再抽時間接受我採訪，在此真誠致謝。

在黑夜點燈？「黑夜裏不敢點燈，一個容易受傷的女人」。記不起是哪首流行歌的歌詞。「留着你隔夜的吻，感覺不到你有多真……我害怕一個人，為何不肯輕輕喚我一聲，為了你，我情願給一生，黑夜裏不敢點燈，是誰讓我越陷越深，讓我深愛過的人越來越陌生」。這六位人物卻敢於在黑夜點燈，他們愛香港，香港也愛他們。他們沒有受「傷」。那天，聽我的小美女同事駱丹和李翰暘唱起這首歌。我也在此深表謝意，是她們協助我推進整個採訪進程。

2020 年 11 月